DIE RENAISSANCE DER ITALIENISCHEN KÜCHE

COLLECTION
ROLF HEYNE

LORENZA DE'MEDICI

DIE RENAISSANCE DER ITALIENISCHEN KÜCHE

MIT 150 REZEPTEN

FOTOGRAFIERT VON JOHN FERRO SIMS

WILHELM HEYNE VERLAG
MÜNCHEN

Titel der englischen Originalausgabe:

THE RENAISSANCE OF ITALIAN COOKING

Deutsch von Susanne Vogel

Die Originalausgabe erschien im Verlag Pavilion Books Limited, London
Text Copyright © 1989 by Lorenza de'Medici
Fotos Copyright © 1989 by John Ferro Sims
Copyright © 1990 der deutschen Ausgabe
by Wilhelm Heyne Verlag GmbH & Co. KG, München
Umschlaggestaltung: Atelier Ingrid Schütz, München
Innenlayout: Lisa Tai
Satz: Schaber, Wels
Druck und Bindung: New InterLitho, Milan

ISBN 3-453-03975-0

Printed in Italy

INHALT

VORWORT

Vor etlichen Jahren begann ich, Kochkurse zu veranstalten. Verschiedene
Gründe hatten mich dazu bewogen. Damals hatte ich für einen italienischen Verlag bereits mehrere Kochbücher geschrie-
ben. Diese, eigentlich eher Handbücher,
waren sehr einfach gehalten und erklärten,
wie man Vorspeisen zubereitet, wie man
einen Risotto kocht und dergleichen
grundlegende Dinge. Die Anregung zu
diesen Büchern hatte ich in den USA bekommen. Seinerzeit — Ende der fünfziger
Jahre — gab es in Italien nichts Vergleichbares, obwohl der Bedarf sich immer deut-
licher abzeichnete. Die Zeiten, in denen
junge Italienerinnen zu Hause automatisch
das Kochen erlernten, waren vorbei, denn
die Mütter waren häufig berufstätig und
die Großmütter lebten nicht mehr bei den
Familien. Nun aber, etwa fünfundzwanzig
Jahre später, war es eine ganz andere kulturelle und kulinarische Entwicklung, die
mein Interesse erregte.

Im Laufe der Jahre hatte ich das Geschehen in der italienischen Küche aus nächster
Nähe beobachten können. Seit jeher war in
unserem Hause eine Köchin beschäftigt.
Die erste, an die ich mich deutlich erinnere, war eine Österreicherin. Damals begeg-
nete man in norditalienischen Familien
(wir lebten in Mailand) nicht selten auslän-
dischen Bediensteten. Ich war damals etwa
zwölf Jahre alt, und brachte viele Stunden
bei ihr in der Küche zu. Dabei muß ich
wohl das eine oder andere aufgeschnappt
haben, wie sich bei einer späteren Gelegenheit erweisen sollte.

Es war während des Krieges, Mailand
war besetzt. Die politischen Ansichten un-

serer österreichischen Köchin stellten sich
als ebenso preußisch heraus wie ihre Torten
und Pasteten — eine untragbare Situation.
Glücklicherweise nahm ein deutscher
Freund, ein in Mailand lebender bekannter
Musiker, uns dieses »Problem« ab. Nachfolgerin wurde eine junge Frau aus dem Veneto namens Anna. Damit ich, wie damals
üblich, Haushaltsführung lernte, übertrug
meine Mutter mir die Aufgabe, Anna die
Familienrezepte zu vermitteln. Zu jener
Zeit verlangte das Kochen großen Einfalls-
reichtum, denn viele Zutaten waren nicht
zu bekommen. Ich erinnere mich noch an
unsere Bemühungen, Geschmack und Beschaffenheit des Schmelzkäses zu maskie-

Badia von Coltibuono, Chianti

ren, der unter dem Namen *formaggio Roma* in großen Blöcken erhältlich war. Wir backten ihn zwischen zwei Brotscheiben aus, um so *mozzarella in carrozza* zu imitieren. Fleisch war in der Stadt schlichtweg nicht vorhanden. Schaffte ein auf dem Land lebender Verwandter es, uns ein Stück zukommen zu lassen, so ersannen wir die verschiedensten Möglichkeiten, es zu strecken. Besonders beliebt waren *Crochette* (Fleischbällchen, die mit Kartoffeln, Möhren und allem was sonst verfügbar war, verlängert und gebraten wurden). Lächelnd stelle ich fest, daß noch heute, wo Fleisch im Überfluß vorhanden ist, diese *crochette*, die ich jetzt zur Verwertung von Resten zubereite, in meiner Familie sehr gefragt sind. All diese Erfahrungen waren für mich von unschätzbarem Wert. Anna war eine vorzügliche Köchin und blieb fünfunddreißig Jahre, bis zum Tode meiner Mutter, unserem Hause treu.

Jahre später, als junge Ehefrau, fand ich mich erneut in einer schwierigen Situation wieder, die mich die Bedeutung des alten Sprichwortes »Viele Köche verderben den Brei« am eigenen Leibe erfahren ließ. Damals verwaltete meine Schwiegermutter den toskanischen Landsitz der Familie meines Mannes, das ehemalige Kloster von Coltibuono. Sie weilte dort nur im Sommer und brachte jedes Jahr ihr ganzes Personal samt Köchin aus Florenz mit. Wir besuchten sie immer im August, und da sie stets Gäste hatte, bat sie mich, als zusätzliche Hilfe auch meine Köchin aus Mailand mitzubringen. Dies hatte ständige Streitigkeiten in der Küche zur Folge, und der Friede konnte nur dadurch wiederhergestellt werden, daß sie eine dritte Köchin engagierte und für die beiden anderen in verschiedenen (und möglichst weit auseinander gelegenen) Bereichen des Hauses anderweitige Aufgaben fand. Als ihre Nachfolgerin und zukünftige Erbin mußte ich auch diesmal die neue Köchin mit den kulinarischen Traditionen von Coltibuono vertraut machen.

Nahezu gegensätzlich verlief mein Alltag in Mailand, wo wir in einer vergleichs-

weise kleinen Wohnung in der Stadtmitte lebten. Nachdem die drei ältesten unserer vier Kinder aus dem Hause waren, widmete auch ich mich beruflichen Interessen und führte zunächst ein Antiquitäten- und später ein Stoffgeschäft. Ganz anders als in Coltibuono waren hier meinen Aktivitäten als Köchin und Gastgeberin in jeder Hinsicht Grenzen gesetzt.

Es waren wohl diese krassen Gegensätze zwischen dem Leben in einer toskanischen Renaissancevilla und in einer Stadtwohnung, die mir gewisse Entwicklungstendenzen der Kultur und Kochkunst bewußt machten. Ich hatte zwei völlig verschiedene Welten kennengelernt und dabei beobachtet, daß mit den politischen und gesellschaftlichen Veränderungen eine ganze Tradition im Schwinden begriffen war. Wie konnte das kostbare gastronomische Erbe an das Leben im 20. Jahrhundert angeglichen werden, ohne dabei seine eigentlichen Wesensmerkmale einzubüßen? Seit einigen Jahren versuche ich auf meinem Landsitz in Coltibuono mit seinen veränderten Le-

bensumständen — und mit mir viele Freunde in ähnlicher Situation —, eine Antwort auf diese Frage zu finden.

Wie aber sieht nun heute diese Kochtradition aus? Wohl die wenigsten Nicht-Italiener wissen, daß die ehemalige Gesellschaftsstruktur die Entwicklung der italienischen Küche wesentlich mitprägte. Die Vielfalt und lokalen Eigenheiten der italienischen Kochkunst sind also nicht allein auf geographische Gegebenheiten (das relativ kleine Land gliedert sich in zwanzig sehr unterschiedliche Regionen) zurückzuführen, sondern auch auf gesellschaftliche Faktoren.

Aus diesem Blickwinkel betrachtet, lassen sich zwei Strömungen in der italienischen Küche unterscheiden: die sogenannte *cucina povera,* die »Küche der armen Leute« mit ihren schlichten Speisen, und die *cucina alto-borghese,* das heißt die Küche der oberen Schichten.

Die *cucina povera* war die Kost der Bauern und Arbeiter. Sie stützte sich auf das, was auf dem lokalen Markt angeboten, im eigenen Garten angebaut, in der Umgebung gefischt oder gejagt wurde. Aufgrund fehlender Transportmöglichkeiten zeichnete sich diese Küche durch geographisch bedingte Eigenheiten aus. Noch heute wird in dem abgeschiedenen Chianti-Gebiet, in dem ich zu Hause bin, kein Fisch angeboten, und wenn ein Händler aus der Stadt vorbeikommt, setzt sich seine Kundschaft nur aus dem jüngeren, experimentierfreudigeren Teil der Bevölkerung zusammen.

Die Rezepte waren ausgesprochen einfach, denn vorrangig kam es auf eine handfeste Ernährung an. Dabei schuf die Intuition aus dem wenigen Vorhandenen oftmals höchst ansprechende und schmackhafte Speisen. Das kulinarische Wissen wurde von der Mutter an die Tochter weitergegeben, Rezeptbücher waren etwas völlig Unbekanntes. Meine Köchin in Coltibuono, Romola, die, wie ihre Eltern, Großeltern und Urgroßeltern auf dem Gut geboren wurde, ist ein Naturtalent und würde niemals schriftliche Kochanleitungen befolgen oder ihre zahlreichen köstlichen Rezepte niederschreiben.

Eine Mahlzeit bestand damals aus einem einzigen Gericht: im Süden beispielsweise aus Spaghetti, die einfach mit Tomatensauce oder auch nur mit Olivenöl zubereitet wurden; im Norden aß man im Veneto Polenta und in der Lombardei Reis, in Milch oder Brühe gekocht. Zu jedem Essen kam Brot auf den Tisch. In Coltibuono wurde freitags für die Pachtbauern Brot gebacken, das eine Woche reichen mußte. An Sonn- und Feiertagen gab es Fleisch mit Gemüse. Nachspeisen waren nur üblich bei besonderen Anlässen: wichtigen Festtagen, wie Ostern und Weihnachten, oder Familienfeiern, wie Geburtstagen, Hochzeiten und Beerdigungen.

Den Gegensatz zur *cucina povera* bildete die *cucina alto-borghese.* Zwar besaß diese Küche der wohlhabenden Kaufmannsfamilien und Großgrundbesitzer regionale Merkmale, zugleich aber zeigte sie eine enorme Vielfalt, ja sogar kosmopolitische Züge, was sich aus den Reisemöglichkeiten dieser Schicht und den kulturellen Strömungen erklärt, die in den verschiedenen Regionen durch fremde Besatzungsmächte — beispielsweise die Bourbonen in Neapel und Sizilien, die Franzosen im Piemont, die Lothringer in der Toskana, die Österreicher in der Lombardei und im Veneto — in die Familien einflossen.

In diesen Küchen wurden die Spaghetti nicht nur mit Tomatensauce zubereitet, sondern mit verschiedensten anderen Zutaten — Hühnerlebern, Fleischbällchen, hartgekochtem Ei, Béchamelsauce — angereichert oder gar in einer süßen Teighülle gebacken. Polenta wurde aufgeschnitten und mit Käsesauce und weißen Trüffeln serviert. Reis wurde als *bomba,* das heißt mit *ragù,* einer Fleisch-Pilz-Sauce, zubereitet. Auch die *cucina alto-borghese* griff auf lokale Erzeugnisse zurück, die jedoch mit mehr Phantasie und Raffinement verarbeitet wurden, denn für das wohlhabende Bürgertum bedeutete Essen nicht allein Nahrungsaufnahme, sondern darüber hinaus *divertimento,* sprich Genuß.

Vor zehn Jahren noch bestand die traditionelle Speisenfolge der *cucina alto-borghese* aus

sechs Gängen: Zur Vorspeise servierte man eine gemischte Wurst- und Schinkenplatte, eventuell einen Geflügel- oder Fischsalat oder auch einen Gemüse-*timballo*; als ersten Gang gab es mittags (je nach Region) Pasta, Reis oder Polenta, abends eine Suppe; als Entremets folgte ein italienisches Omelett *(frittata)* oder ein Gemüsepudding; der Hauptgang bestand aus Fleisch oder Fisch, begleitet von mindestens zwei Sorten gekochten Gemüses und einem grünen, gemischten oder Tomatensalat; zum Abschluß wurde mittags vor dem Obst meist Käse und abends eine Süßspeise gereicht. All dies zu bewältigen, war für die meisten Erwachsenen schon ziemlich schwierig, und für die Kinder erst recht, die daher meist ein etwas weniger aufwendiges Menü in ihrem eigenen Speisezimmer serviert bekamen. Nicht selten wurden die bevorzugten Rezepte von der Hausherrin oder Köchin zu Papier gebracht und diese »Kochbücher« von der Mutter an die Tochter weitergegeben. Wenn wir Freunde besuchten, stahl meine Muter, eine passionierte Rezeptsammlerin, sich meist in die

Küche, um der Köchin ihre Komplimente auszusprechen, und kehrte fast immer mit einigen »geheimen« Familienrezepten zurück — eine Angewohnheit, die auch ich mir später zu eigen machte. Die italienischen Eßgewohnheiten blieben global gesehen nahezu unverändert, bis lange nach dem Zweiten Weltkrieg ein nicht aufzuhaltender Wandel eintrat. Oftmals konnte das reiche Bürgertum sich die Bediensteten, die die aufwendige *cucina alto-borghese* verlangte, nicht mehr leisten oder zuweilen auch einfach nicht finden. Die Bauern und Arbeiter aber verfügten inzwischen über ein Einkommen, das eine abwechslungsreiche Ernährung ermöglichte. Viele von ihnen verließen das Land und zogen in die — häufig weit von ihrer Heimat entfernte — Stadt (Abwanderung zahlloser Süditaliener in den industrialisierten Norden des Landes). Dabei brachten sie ihre regionalen Kochtraditionen mit, wurden aber gleichzeitig durch die Ernährungsgewohnheiten ihrer neuen Heimat beeinflußt. Aber auch die Entwicklung moderner Konservierungsverfahren und Transportsysteme hatte ein breiteres Warenangebot zur Folge.

All diese Faktoren bewirkten wesentliche Veränderungen beider italienischer Kochtraditionen. Dabei galt meiner Meinung nach der bemerkenswerte Popularitätsanstieg in den letzten zehn Jahren hauptsächlich der verfeinerten *cucina povera*, während die *cucina alto-borghese* nahezu unbekannt blieb. Vielleicht ist das darauf zurückzuführen, daß sie als Familienküche von den Abwanderungstendenzen nicht betroffen war und überdies als solche kaum ihren Weg in die Restaurants fand.

Mein besonderes Interesse gilt der derzeitigen Entwicklung der *cucina alto-borghese*, jener Kochkunst, die ich zu Hause praktiziere, die ich in der »Villa Table«, meiner Kochschule in Coltibuono, lehre und die ich in den vergangenen Jahren bei vielen meiner Freunde in den verschiedensten Regionen Italiens genossen habe.

Das vorliegende Buch lädt Sie ein zu einer gastronomischen Reise zu mir nach

»Notenpapier«

»Blumen«-Arrangement auf einer Brücke in Mantua

Hause und zu meinen Freunden, die liebenswürdigerweise ihre Türen öffneten, um Ihnen nicht nur ihre schönsten Menüs und Rezepte preiszugeben, sondern Sie auch an ihrer Gastfreundschaft bei besonderen Anlässen teilhaben zu lassen — bei Familientreffen, volkstümlichen Festen und kulturellen Ereignissen.

Sie werden zwölf für ihre Gastronomie berühmte Regionen Italiens bereisen, einige herrliche Häuser besuchen und dabei vielen charmanten und interessanten Menschen begegnen. Vor allem aber werden Sie Zeuge eines derzeitigen kulturellen Phänomens, das ich gerne als »Renaissance der italienischen Küche« bezeichne, da es alle Merkmale der italienischen Kultur verkörpert, die man mit diesem Begriff verbindet: klassische Schlichtheit, Eleganz und Tradition, verknüpft mit einem frischen, zeitgemäßen Ansatz. Ich hoffe, Sie werden von dieser Reise nicht nur köstliche Menüs und Rezepte mitbringen, die sich leicht nachkochen lassen und sich für verschiedenste Anlässe eignen, sondern auch Eindrücke von einem besonderen Lebensstil des heutigen Italiens, mit dem der normale Tourist kaum in Berührung kommt.

ANMERKUNG ZU DEN REZEPTEN

Die Küche ist kein chemisches Labor. Daher ist es nicht nur unnötig (und auch unmöglich), sondern es würde sogar verunsichern, für bestimmte Zutaten exakte Mengen anzugeben und jeden einzelnen Handgriff präzise vorzuschreiben. Weit besser ist es, der Phantasie ein wenig Freiraum zu lassen, denn nur so bringt das Kochen Freude und gute Ergebnisse.

Da ich es also ablehne, mich bei gewissen Zutaten auf genaue Mengenangaben festzulegen, erfordern die hier vorgestellten Rezepte häufig »eine Prise« von diesem und »eine Handvoll« von jenem. Ein wenig mehr oder weniger ist in den seltensten Fällen für das Gelingen eines Gerichtes von Bedeutung. Kommt es wirklich einmal auf die Genauigkeit an, so werden Sie vorgewarnt. Lernen Sie, Ihrem Geschmacks-, Geruchs- und Tastsinn zu vertrauen und, vor allem, genießen Sie das Kochen.

Vielleicht wird Ihnen der eine oder andere hier verwendete küchentechnische Begriff nicht vertraut sein. Daher sind die wichtigsten Verfahren zur Herstellung von Pasta, Teig und Brühe sowie die wesentlichen Garmethoden auf Seite 188 unter der Überschrift »Grundzubereitungen und Garmethoden« ausführlich beschrieben.

Sämtliche Rezepte sind, sofern nicht anders angegeben, für sechs Personen berechnet. Die meisten lassen sich beliebig an eine kleinere oder größere Personenzahl angleichen.

PIEMONT

CASTELLO VON MONALE D'ASTI

*Familientreffen im Hause von Graf Carlo Emanuele Gani und
Gräfin Nicoletta Balbo Bertone di Sambuy*

Erste Station unserer gastronomischen Reise ist ein Ort, der in vielerlei Hinsicht für meine Kindheit sehr wichtig war: das Kastell meiner Großmutter im Piemont. Nach einem streng festgelegten Zeitplan verbrachte unsere Familie Juli und August am Meer und den September bei meiner Großmutter. Auf diesen Teil der Ferien freute ich mich am meisten, denn hier waren immer an die zwölf Cousins und Cousinen, alle etwa in meinem Alter, und wir konnten praktisch überall im Schloß und in Monale, dem etwas unterhalb gelegenen Dörfchen, herumstrolchen. Natürlich nahm meine Mutter grundsätzlich ein Kindermädchen mit, doch war dieses, meist nicht sehr viel älter als wir selbst, mehr Verbündete als Gouvernante.

Neben den Aktivitäten, denen man damals im Freien nachging — Radfahren, Tennis, Spaziergänge im Wald und Baden im Fluß — gab es zwei absolute Höhepunkte in unserem gesellschaftlichen Leben: das Weinlese-Fest und die jährlich im Kastell stattfindende Abschiedsparty für die jungen Män-

*Frühmorgendliche Herbststimmung in den Langhe.
Oben: Das Wappen der Scarampi an der Außenmauer des Schlosses*

ner der Umgebung, die zum Militär einberufen wurden. Diese beiden Ereignisse, ganz besonders das zweite, bargen die erregende Hoffnung auf eine Romanze. Auch andere denkwürdige »Premieren« fanden hier statt: meine erste Zigarette (wir pafften aufgerollte Maisblätter), der erste kleine Schwips (es war leicht, sich Zutritt zum Weinkeller zu verschaffen) und meine ersten Kochversuche.

Sofern kein besonderer Anlaß vorlag, nahmen die Kinder die Mahlzeiten grundsätzlich in ihrem eigenen Eßzimmer zu sich, das sich in dem gewölbeartigen Keller neben der riesigen Küche befand. Ich weiß noch, daß ich von dem Koch mit seiner hohen Mütze und der weißen Jacke zutiefst beeindruckt war. Natürlich sollten wir ihn bei seiner Arbeit, die in meinen Augen Kunst war, nicht stören, aber wenn wir ihm die Maronen brachten, die wir gesammelt hatten, durften wir zuschauen, wie er sie pürierte und die Sahne schlug, um einen *Montebianco* nur für uns allein zuzubereiten. Hier probierte ich zum ersten Mal weiße Trüffel, die ein Onkel aus dem nahegelegenen Alba meinen Eltern als Geschenk mitgebracht hate. Am schönsten waren jedoch die kühlen Herbstabende, an denen es das typischste Gericht der rustikalen Piemonteser Küche gab, *bagna cauda* (wörtlich »heißes Bad«), eine Sauce aus Olivenöl, Sardellen, Knoblauch und Butter, die heiß aufgetragen wird und in die man rohes Gemüse tunkt. Zweifellos wurzelt meine noch immer bestehende Vorliebe für Knoblauch und rohes Gemüse in diesen unvergeßlichen Kindheitserlebnissen. Tatsächlich waren diese Abendessen für uns alle so wichtig, daß wir während des Krieges durch die spärlichen Mengen Olivenöl, die wir erübrigen konnten, beitrugen, damit dieses traditionelle Festmahl weiterhin zur Freude aller stattfinden konnte.

Das Castello von Monale ist seit mehr als sechshundert Jahren im Besitz meiner Familie. 1387 war es von der Familie Scarampi erworben worden. Meine Großmutter Paola und ihre Schwester Adele waren die einzigen Kinder des letzten männlichen Scarampi. 1884 vermählte sich Adele mit dem Grafen Carlo Gani, dem Großvater meines Cousins Carlo Emanuele, und 1885 heiratete Paola meinen Großvater, den Marquis Edoardo de'Medici dei Principi d'Ottaiano.

Zugegebenermaßen waren die Scarampi im Mittelalter ruchlose Geldverleiher. Wie es heißt, gingen sie überall in Europa ihren Geschäften nach, insbesondere in den blühenden Hauptstädten des Nordens, in denen »Du — Scarampi!« die übelste Anrede war, die man einem Feind oder in einem hitzigen Gespräch einem Freund an den Kopf werfen konnte. Solch unflätige Worte zogen eine schwere Geldstrafe nach sich. Bis zur Renaissance aber waren aus den Scarampi respektable (und reiche) Bankiers geworden, die allerdings durch Napoleon erhebliche finanzielle Einbußen erlitten. Sie begingen den Fehler, ihn gegen das im Piemont ansässige Haus Savoyen zu unterstützen, das nach der Einigung Italiens auf den Königsthron gelangt war.

Wieder kehre ich im September in das Schloß meiner Großmutter zurück, diesmal allerdings mit meinem Ehemann Piero und unserer Tochter Emanuela. Anlaß ist die Hochzeit von Alessandra, der Tochter meines Cousins Carlo Emanuele Gani und seiner Frau Ada. Carlo Emanuele und seine Schwester, Nicoletta Balbo Bertone di Sambuy, sind die derzeitigen Eigentümer und Bewohner des Schlosses. Etwa zwanzig Verwandte wurden für das Wochenende eingeladen. Wir können uns also gleichzeitig auf ein großes Familientreffen freuen. Die Trauungszeremonie mit den anschließenden Feierlichkeiten wird am späten Samstagnachmittag stattfinden. Für Freitagabend ist ein Essen für alle Cousins und Cousinen, für Sonntagnachmittag ein Diner vorgesehen, bei dem sich die Familie und enge Freunde von Braut und Bräutigam verabschieden können.

Rein gastronomisch betrachtet, ist Ende September die ideale Zeit für einen Besuch im Piemont mit seiner, wie ich meine, ausgesprochen herbstlichen Küche. Viele der typischen Grundzutaten reifen zu dieser Zeit des Jahres: Trüffeln, mit denen die glücklichen Piemonteser nahezu jedes Gericht zu verfeinern wissen — auf Spiegeleiern sind sie mei-

Maisfelder und Weinberge beherrschen die Piemonteser Landschaft

Der Hof des Schlosses

nes Erachtens der absolute Hochgenuß; Karden, eine den Artischocken verwandte eßbare Distelart, die bei keiner richtigen *bagna cauda piemontese* fehlen darf; Trauben und Walnüsse, die nicht nur fester Bestandteil zahlreicher Desserts, sondern auch herzhafter Gerichte dieser Region sind; Rebhuhn, Fasan und anderes Kleinwild, das die Grundlage so mancher herrlichen Zubereitung bildet.

Während man sich, von Mailand kommend, Monale nähert, stellt man einen recht jähen Übergang vom monotonen lombardischen Flachland in die stark gebirgige Land-

schaft des Piemont fest. Monale liegt unweit von Alba, dem Trüffel-Zentrum Italiens. Alba ist auch die Hauptstadt der Provinz Asti, die für ihren *spumante* berühmt ist, jenen Schaumwein, der, wie manch andere kulinarischen Produkte und Gepflogenheiten französischen Einfluß erkennen läßt. So weit das Auge reicht, ziehen sich Weinberge über die welligen Hügel. Zu dieser Jahreszeit hängen üppige Trauben dicker dunkelroter Beeren an den Weinstöcken, aus denen der köstliche Barbera gekeltert wird. In Monale wird nicht mehr, wie zu meiner Kindheit, Wein er-

zeugt, doch produziert mein Cousin Dado Dal Pozzo, Besitzer des nahegelegenen Castello di Canale, noch immer etliche vorzügliche Weine und wird bestimmt für das Familientreffen heute abend eine stattliche Menge mitbringen.

In vielerlei Hinsicht ist Monale ein Schloß wie aus dem Bilderbuch: Hoch oben auf einem der steil ansteigenden Hügel des Voralpenlands gelegen, krönt es die Landschaft wie das Sahnehäubchen auf einem *Montebianco*, der köstlichen Dessert-Spezialität dieser Gegend. Trotz einiger Beton- und

17

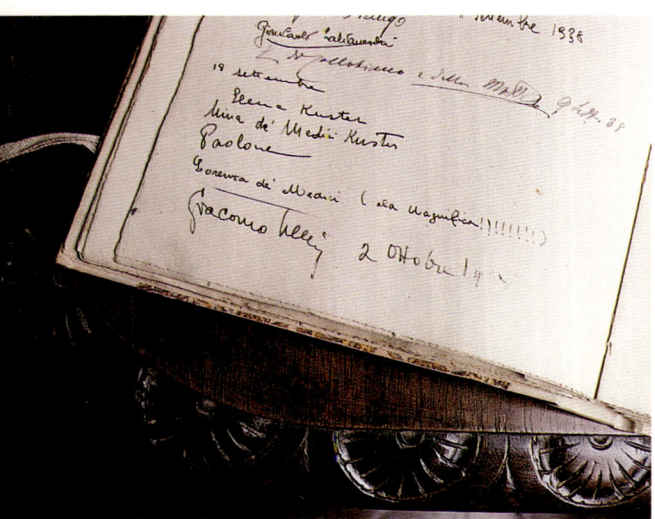

Als junges Mädchen signiert Lorenza das Gästebuch mit dem Beinamen »La Magnifica« — »die Prächtige«

Stahlbauten besitzt die Ortschaft Monale noch immer jenen malerischen Charakter, den ich aus meiner Kindheit in Erinnerung habe.

Das Schloß in seiner heutigen Form geht auf das 18. Jahrhundert zurück. Damals erhielt der mittelalterlich-strenge Bau durch den für diesen Landstrich so charakteristischen Ziegel ein harmonischeres, gefälligeres Äußeres. Die massiven Mauern und die beiden Türme jedoch stammen aus dem frühen 12. Jahrhundert, als die Feudalherren in dieser Gegend die ersten Festungen errichteten.

Geht man hügelan — vorbei an der Kirche, in der die Trauung stattfinden wird, und an dem Friedhof, auf dem meine Eltern begraben liegen —, so gelangt man zu den barocken Eingangstoren des Schlosses. Diese gewähren Zutritt zu einem großzügigen und anmutigen Hof, der aus dem 18. Jahrhundert stammt, während die obere Loggia im 19. Jahrhundert im neugotischen Stil restauriert wurde. Das Schloß ist U-förmig um den Hof angelegt. In meiner Kindheit gehörte ein Flügel des Gebäudes meiner Familie, der andere meiner Tante und meinem Onkel, Enrichetta und Raimondo Gani und ihrer Familie. Heute teilen sich die Familien ihrer bei-

den Kinder, Carlo Emanuele und Nicoletta, den Besitz.

Carlo Emanuele, genannt Lele, erwartet uns am Tor in Gesellschaft seiner drei geliebten Rauhhaardackel. Lele war lange Jahre als Manager einer Obstplantage in Belgisch-Kongo tätig, hat sich aber inzwischen weitgehend aus dem Berufsleben zurückgezogen und genießt jetzt sein Dasein als Gutsherr in Monale, wo er sich den Wissenschaften widmet, die Familienarchive ordnet und die nicht enden wollende Restaurierung des Castello beaufsichtigt. Heute abend beherbergen er und seine Frau Ada die Cousins und Cousinen. Obwohl einige Familienmitglieder nicht mehr leben, bilden wir mit unseren Ehepartnern doch eine stattliche zwanzigköpfige Gesellschaft. Alle sind in den zahlreichen Gästezimmern des Schlosses aufs Beste untergebracht.

Das heutige Abendessen wird in der behaglichen Bibliothek serviert. An den Wänden reihen sich all die Bücher, die die Interessen verschiedener Familienmitglieder der vergangenen Jahrhunderte widerspiegeln — Schiffahrt, Erforschung der Erde, Kunstgeschichte und englische Literatur des 19. Jahrhunderts. Ein flackerndes Kaminfeuer verbreitet eine wohlige Wärme. In der Mitte des Raumes ist ein großer runder Tisch gedeckt, der mir seit meinen Kindertagen vertraut ist und an dem wir alle Platz finden. Leles Vater, der ein passionierter Hobby-Tischler war, hatte ihn einst für die Kinder geschreinert und in der Mitte sogar eine Art Drehtablett eingebaut. Ada hat für ihre »Chianti-Cousine« eine Überraschung vorbereitet, meine Leib- und Magenspeise *bagna cauda,* und damit die perfekte Wahl für das heutige Familientreffen getroffen, denn diese Piemonteser Spezialität läßt eine Mahlzeit zu einem Erlebnis werden. Dabei steht die pikante Sauce auf einem Spirituskocher in der Tischmitte, und man tunkt die verschiedensten vorbereiteten Salat- und rohen Gemüsestückchen hinein. Dazu wird köstlicher Rotwein getrunken. Wir schwelgen in glücklichen Erinnerungen, und als der Abend seinem Ende zugeht, lenkt Nicoletta mein Augenmerk auf

das alte Gästebuch und insbesondere auf eine Eintragung vom September 1937, die ich in jugendlichem Übermut mit »Lorenza la Magnifica« (»Lorenza die Prächtige«) unterschrieben hatte.

Am nächsten Morgen sind die Vorbereitungen für die Hochzeitsfeier bereits früh im Gange, denn mehr als einhundert Gäste werden am Abend zu einem Büfett erwartet. Sämtliche Empfangsräume des Schlosses werden geöffnet und mit Blumen dekoriert; zahlreiche Tische werden im Hof gedeckt. Die barocke Dorfkirche unmittelbar vor den Mauern des Schlosses wird für die am Spätnachmittag stattfindende Trauung mit Girlanden aus Weinlaub und Blumen geschmückt. Meine Aufgabe besteht darin, die Herstellung von mehreren hundert Maronentrüffeln zu organisieren. Glücklicherweise haben die Frauen diese bereits geschält.

Nach der Trauung kehren die Gäste, unter anderem sämtliche Würdenträger des Dorfes, für das Hochzeitsbankett zum Schloß zurück. Kellner in weißen Jacken sind schon überall damit beschäftigt, auf Tabletts bunte Häppchen zu reichen und den feinen trockenen *spumante* aus Asti einzuschenken. Der erste Gang besteht aus bunten Platten mit gefüllten Paprikaschoten, Tomaten mit grüner Sauce und Traubensalat. Danach folgen zwei kalte Piemonteser Fleischgerichte, *vitello tonnato* (Kalbfleisch in Thunfischsauce)

Tafelsilber der Familie aus dem 19. Jahrhundert

und *polpettone di Monale* (Hackbraten mit Pistazien und Schinken). Zum Dessert gibt es die traditionelle Hochzeitstorte, der man auf meine Anregung hin ein Orangenaroma verlieh.

Als sich die Dunkelheit über das Schloß senkt, beginnt draußen auf dem Rasen der Tanz, zu dem auch die Dorfbewohner eingeladen sind. Die Musik ist eine Mischung aus traditionellen Walzer- und Polkaklängen und modernen Disco-Rhythmen. Es werden Fackeln angezündet, die den mittelalterlichen Charakter des Schlosses noch mehr hervorheben und die alte stilisierte Schriftrolle unterhalb der Sonnenuhr beleuchten, die seit dem 16. Jahrhundert die südliche Außenwand schmückt. Die Inschrift paßt genau für diesen Anlaß — die Hochzeit wie auch das Familientreffen: *Nulla fluat cuius no meminisse velis,* frei übersetzt etwa: »Mögest Du nur glückliche Erinnerungen haben.«

Alessandra und ihr Ehemann Elio verbringen ihre Hochzeitsnacht im Schloß, um bei dem für Sonntagmittag vorgesehenen Abschiedsessen mit der Familie und engsten Freunden, die von weither angereist kamen, zugegen zu sein. Meine Cousine Nicoletta hat dieses Menü, das im offiziellen Speisesaal des Schlosses stattfindet, zusammengestellt und auf einzelnen Karten nach einer Vorlage drucken lassen, die der Künstler Davide Calandra um die Jahrhundertwende für meine Großmutter gemalt hat. Die Gerichte sind schlicht, elegant und Klassiker der Piemonteser Küche: eine schmackhafte Polenta mit geschmortem Rindfleisch in Barolo-Sauce, glasierte Mohrrüben und Zwiebeln, Bratäpfel mit Sahnesauce und Amaretti.

Dieses Speisezimmer birgt für mich mehr als alle anderen Räume die lebhaftesten Erinnerungen. Wände und Decke wurden anläßlich der Hochzeit meiner Großeltern neu bemalt und dabei auch das kombinierte Familienwappen der Scarampi und der de'Medici angebracht. Der Raum ist mit Familienstücken — Piemonteser Tischen, Stühlen und Büfetts aus dem 17. Jahrhundert, alten norditalienischen Zinnkrügen und einer Sammlung kostbaren Sèvres-Porzellans — eingerichtet

Die kunstvoll gestaltete Decke des Salons

und dekoriert. An den Wänden hängen mehrere große Portraits von Familienmitgliedern. Während ich hier nach dem Essen ein Gläschen des ausgezeichneten Grappa meines Cousins Dado genieße, werde ich durch etwas aus meinen Träumereien gerissen, das ich zuvor noch nie bemerkt hatte. Auf dem Portrait trägt meine Großmutter Paola de'Medici neben dem Ehering einen Ring mit einem Smaragd, der von winzigen Diamanten gesäumt ist. Es ist derselbe Ring, den einst meine Mutter trug und den sie mir dann zu meiner Verlobung schenkte. Welch eine nette Überraschung, dies nach all den Jahren, zum Ausklang eines Hochzeitsfestes und Familientreffens, herauszufinden.

MENÜ FÜR EIN
FAMILIENTREFFEN

CREMA DI POMODORO
Eier mit Tomatencreme

CARDO IN BAGNA CAUDA
Karde mit Sardellen-Dip

BUDINO DI AMARETTI
Amaretti-Pudding

D as klassische Gemüse für die Piemonteser *bagna cauda* sind Karden, doch eignen sich auch viele andere Gemüsesorten wie Paprikaschoten, Brokkoli, Stangensellerie, Artischocken oder knackige Spinatblätter. Für eine gehaltvollere Mahlzeit schlagen Sie nach der Vorbereitung des Gemüses pro Person ein Ei auf und bereiten unter Verwendung von etwas Sauce Rührei.

Weinempfehlung: Knoblauch macht Durst, und der verlangt nach einem jungen kräftigen Barbera aus der Gegend um Alba oder Asti.

CREMA DI POMODORO
Eier mit Tomatencreme

1 Zwiebel
1 Mohrrübe
1 Stange Bleichsellerie
4 EL/50 g Butter
1 kg frische, reife Tomaten
1 EL Zucker
Salz und Pfeffer
1 Handvoll frische Majoranblätter
45 cl Milch
3 hartgekochte Eier

Zwiebel, Mohrrübe und Selleriestange fein hacken und etwa 10 Minuten in der Butter langsam dünsten.
Die Tomaten in dünne Scheiben schneiden.

Eier mit Tomatencreme

Mit Zucker, Salz, Pfeffer und der Hälfte des Majorans zum Gemüse geben. Das Ganze 15 Minuten garen lassen. Die Milch angießen und die Mischung passieren oder im Mixer pürieren.
Die Eier längs halbieren und mit der Schnittfläche nach oben auf 6 Teller legen. Die Tomatencreme erneut erhitzen und um die Eihälften verteilen. Mit den übrigen Majoranblättchen bestreuen und servieren.

CARDO IN BAGNA CAUDA
Karde mit Sardellen-Dip

1 große Karde
Saft von 1 Zitrone
6 Knoblauchzehen, gehackt
4 EL/50 g Butter
22 cl Olivenöl »extra vergine«
6 Sardellenfilets in Öl
Salz

Die Karde von den äußeren harten Blattrippen befreien. Die zarten, fleischigen Rippen längs in Stifte schneiden und diese in 7,5 cm lange Abschnitte zerteilen. 1 Minute blanchieren und kalt abbrausen. In eine Schüssel geben und mit Zitronenwasser bedecken. Die Schüssel in die Tischmitte stellen.
Butter und Öl in einem Töpfchen erhitzen. Die Sardellen mit Öl hineingeben und bei milder Hitze garen, bis sie zerfallen. Salzen, den Knoblauch hinzufügen und das Ganze aufkochen lassen.

In einen Fonduetopf umfüllen und auf dem Spirituskocher ebenfalls in die Tischmitte stellen. Man tunkt die Gemüsestücke in die heiße Sauce und läßt sie 1 Minute garen.

BUDINO DI AMARETTI
Amaretti-Pudding

6 Eigelb
225 g Zucker
3 EL Gelatinepulver
45 cl Milch
200 g Zartbitterschokolade, zerkleinert
22 Amaretti

Die Eigelbe mit dem Zucker in einer Schüssel mit dem Schneebesen schlagen, bis sie cremig werden.
Die Gelatine in der Milch verrühren. Die Schokolade langsam im Wasserbad schmelzen.
Schokolade und Milch zu den Eigelben geben. Die Mischung im Wasserbad erhitzen, bis sie eindickt. Dabei ständig mit dem Schneebesen rühren und die Creme nicht aufkochen lassen.
16 Makronen fein zerstoßen und unter die Creme ziehen. Diese in eine Ringform gießen und mindestens 4 Stunden kalt stellen.
Den Pudding auf eine Servierplatte stürzen. Mit den restlichen Amaretti garnieren und servieren.

Amaretti-Pudding

Karde mit Sardellen-Dip

MENÜ FÜR EINEN
HOCHZEITSEMPFANG

CARNE CRUDA AL LIMONE
Tatar auf Zitrone

PEPERONI RIPIENI DI RISO
Paprikaschoten mit Reisfüllung

POMODORI IN SALSA VERDE
Tomaten mit grüner Sauce

INSALATA DI UVA
Traubensalat

VITELLO TONNATO
Kalbsbraten mit Thunfischsauce

POLPETTONE DI MONALE
Hackbraten »Monale«

TORTA DELLA SPOSA
Hochzeitstorte

TARTUFI DI CASTAGNE
Maronentrüffeln

Weinempfehlung: Im Piemont werden zahlreiche gute Weine gekeltert. Hier die Auswahl, die wir für Alessandras Hochzeit getroffen haben: Als Aperitif gab es einen Spumante brut; den weißen trockenen Arneis meines Cousins Dado zu den Gemüsegerichten; einen herrlichen Barbaresco zum Fleisch; und den exquisiten Moscato d'Asti Spumante zum Dessert und danach.

Die Zutatenmengen sind für sechs Personen berechnet, doch lassen sich die Rezepte ohne weiteres an eine größere Zahl von Gästen anpassen. Das Tatar wird zum Aperitif gereicht. Sie können den Appetithappen auch mit hauchfein aufgeschnittenem magerem Rindfleisch zubereiten. Da die übrigen Gerichte (mit Ausnahme der Torte und Trüffeln natürlich) gut miteinander harmonieren, können sie in Form eines Büfetts angerichtet werden.

Eine Anmerkung zum Hackbraten: Gemeinhin gilt er als einfaches Gericht. Nicht so in Italien, wo man ihm eine pikante Note verleiht. Durch das Kochen wird er leicht und bekömmlich und liefert darüber hinaus eine köstliche Brühe.

Die Hochzeitstorte macht kaum Arbeit und läßt sich daher ohne weiteres selbst herstellen. Die Trüffeln sollten Sie zum abschließenden Kaffee reichen.

CARNE CRUDA AL LIMONE
Tatar auf Zitrone

200 g Tatar
Salz und Pfeffer
abgeriebene Schale von 1 Zitrone
Saft von ½ Zitrone
3 EL Olivenöl »extra vergine«
6 Zitronenscheiben
6 Radieschen

Sämtliche Zutaten mit Ausnahme der Zitronenscheiben und Radieschen vermengen. Die Zitronenscheiben auf einer Platte anordnen. Die Fleischmasse eßlöffelweise darauf verteilen und auf jeden Happen ein blütenförmig aufgeschnittenes Radieschen setzen.

PEPERONI RIPIENI DI RISO
Paprikaschoten mit Reisfüllung

6 rote Paprikaschoten
12 EL Arborio-Reis
Salz und Pfeffer
3 Sardellenfilets in Öl, zerdrückt
2 Knoblauchzehen, gehackt
3 EL/50 g Butter
2 EL gehackte Petersilie
1 EL Olivenöl »extra vergine«

Die Paprikaschoten im Backofen bei 190°C etwa 20 Minuten garen lassen. Oben Deckel abschneiden und die Schoten aushöhlen. Den Reis in sprudelndem Salzwasser etwa 15 Minuten kochen und anschließend abtropfen lassen.

Sardellenfilets, Knoblauch und Butter in eine Pfanne geben und langsam erhitzen. Den Reis hinzufügen. Kurz umrühren und die Petersilie unterziehen. Die Paprikaschoten mit der Mischung füllen. In eine eingeölte ofenfeste Form setzen und vor dem Servieren noch 5 Minuten in den Backofen schieben.

POMODORI IN SALSA VERDE
Tomaten mit grüner Sauce

6 reife Tomaten
2 EL frische weiche Semmelbrösel
7 cl Rotweinessig
2 Sardellenfilets in Öl, zerdrückt
1 EL Kapern, gehackt
1 hartgekochtes Ei, gehackt
3 EL gehackte Petersilie
12 cl Olivenöl »extra vergine«
Salz und Pfeffer

Die Tomaten halbieren, aushöhlen und auf eine Platte setzen.

Die Semmelbrösel im Essig einweichen und ausdrücken.

Semmelbrösel, Sardellenfilets, Kapern, Ei, Petersilie und Öl in eine Schüssel geben. Alles gut verrühren, salzen und pfeffern. Die Tomaten mit der Sauce füllen.

INSALATA DI UVA
Traubensalat

450 grüne Weintrauben
300 g Fontina
1 Apfel
½ Flasche trockener Weißwein
Salz und Pfeffer
1 TL Zitronensaft
4 EL Olivenöl »extra vergine«
1 Handvoll Walnußkerne, grobgehackt
2–3 Handvoll gemischte grüne Salatblätter

Tatar auf Zitrone

Den Käse in feine Stifte schneiden. Die Weintrauben in eine Schüssel geben. Den Apfel schälen, würfeln und zu den Weintrauben geben. Anschließend die Früchte mit dem Weißwein übergießen und mehrere Stunden marinieren.

Abtropfen lassen und mit den Käsestiften auf einer Platte anrichten.

Den Salat mit Salz, Pfeffer, Zitronensaft und Olivenöl anmachen. Die Nüsse darüberstreuen, mit den Salatblättern umlegen und servieren.

VITELLO TONNATO
Kalbsbraten mit Thunfischsauce

Für den Braten:
1,7 l Wasser
1/2 kg Kalbfleisch (Nuß)
1 Stange Bleichsellerie
1 Mohrrübe
1 Bund Petersilie
1 Lorbeerblatt
Salz
Für die Sauce:
2 Eigelb
1 Ei
1 Prise Salz
22 cl Olivenöl »extra vergine«
250 g Thunfisch
3 Sardellenfilets in Öl
2 EL Kapern
Saft von 2 Zitronen
12 cl Milch

Das Wasser aufkochen. Das Fleisch mit den übrigen Bratenzutaten hineingeben und 2 Stunden bei mäßiger Hitze kochen. Abtropfen und abkühlen lassen, dünn aufschneiden. Die Scheiben dachziegelartig auf einer Platte anrichten.

Für die Sauce die Eigelbe, das Ei und etwas Salz im Mixer verrühren. Das Öl in feinem Strahl dazugießen. Sobald sich eine Mayonnaise ergibt, die übrigen Zutaten hinzufügen. Alles im Mixer zu einer cremigen Sauce verrühren und diese über das Fleisch gießen.

POLPETTONE DI MONALE
Hackbraten »Monale«

1 Handvoll frische weiche Semmelbrösel
22 cl Milch
100 g Schinken, gehackt
100 g Mortadella, gehackt
225 g Hackfleisch vom Rind
225 g mageres Hackfleisch vom Kalb
100 g geriebener Parmesan
1 Ei
1 Handvoll Pistazien
1 EL gehackte Petersilie
Salz und Pfeffer
2 EL Mehl
4 EL/50 g Butter
1 EL Olivenöl »extra vergine«
1 Mohrrübe
1 Zwiebel
1 Stange Bleichsellerie
1 Bund Petersilie
1 Gewürznelke
1 Lorbeerblatt

Die Semmelbrösel in der Milch einweichen und ausdrücken. Schinken, Mortadella, Hackfleisch, Parmesan, Ei, Pistazien, Semmelbrösel, Petersilie, Salz und Pfeffer in eine Schüssel geben. Alles gründlich vermengen und etwa 5 Minuten kneten. Aus der Masse einen Laib (Querschnitt mind. 5 cm) formen. Mit Mehl bestäuben.

Butter und Öl in einer Pfanne erhitzen. Den Hackbraten bei mäßiger Hitze ringsum anbraten, bis sich eine Kruste bildet. Immer wieder behutsam wenden. Anschließend in ein Tuch wickeln und dieses fest zubinden. Mit den restlichen Zutaten in einen Topf mit kochendem Salzwasser geben. Zugedeckt bei mäßiger Hitze etwa 1 Stunde garen lassen.

Den fertigen Hackbraten aus der Brühe nehmen und auswickeln. Auf eine Platte legen und, mit einem Teller bedeckt, völlig auskühlen lassen. Vor dem Servieren aufschneiden und auf einer Platte anrichten.

TORTA DELLA SPOSA
Hochzeitstorte

200 g Zucker
1 EL Wasser
1 Prise Salz
6 Eier, getrennt
abgeriebene Schale von 1/2 Zitrone
6 EL Mehl, gesiebt
1 EL Speisestärke
2 EL/25 g Butter
12 Zuckerwürfel
1 Orange
2 EL süßer Weißwein
1 EL Weinbrand
22 cl Sahne
225 g Walnußkerne, die Hälfte gehackt

Zucker, Wasser, Salz, Eigelbe, Zitronenschale, Mehl und Speisestärke miteinander vermengen. Die Eiweiße steif schlagen und unterziehen.

2 Springformen unterschiedlicher Größe (15 und 18 cm) ausbuttern und den Teig darin verteilen. 40 Minuten bei 180°C backen. Abkühlen lassen und aus der Form nehmen.

Von der Orange hauchfeine breite Streifen (ohne weißes Mark) abschälen. Die Zuckerwürfel über die Schnittfläche reiben, bis sie ringsum das Aroma aufgenommen haben. Zuckerwürfel, Orangensaft, Wein und Weinbrand in eine Schüssel geben und rühren, bis sich der Zucker auflöst. Die Sahne steif schlagen.

Den größeren Tortenboden mit der Hälfte der Alkoholmischung beträufeln. Mit Sahne bestreichen und mit den gehackten Nüssen bestreuen. Den zweiten Boden darauflegen und mit dem übrigen Alkohol beträufeln. Die restliche Sahne in einen Spritzbeutel füllen und die Torte damit überziehen. Mit den ganzen Walnüssen garnieren und bis zum Servieren in den Kühlschrank stellen.

TARTUFI DI CASTAGNE
Maronentrüffeln

1 kg Maronen
125 g Zucker
12 cl Milch
300 g Zartbitterschokolade, zerkleinert
50 g Kakaopulver

Die Maronen in einem Topf mit kaltem Wasser bedecken und etwa 20 Minuten leise köchelnd garen lassen. Schälen, häuten und passieren oder im Mixer pürieren. Das Püree mit Zucker und Milch erneut einige Minuten kochen. Die Schokolade langsam schmelzen und zum Püree geben. Gründlich rühren und abkühlen lassen.

Aus der Masse walnußgroße Bällchen formen und diese kalt stellen. Im Kakaopulver wälzen, auf einer Platte anrichten und servieren.

Tomaten mit grüner Sauce

MENÜ FÜR EIN SONNTAGSESSEN

❧

POLENTA CON BRASATO
Polenta mit Rinderschmorbraten

CAROTE E CIPOLLE GLASSATE
Glasierte Mohrrüben und Zwiebelchen

MELE ALLA CREMA
Bratäpfel mit Sahnesauce

Mahlzeiten, die aus einem einzigen Gericht, einem *piatto unico,* bestehen und keine hektischen Vorbereitungen in letzter Minute erfordern, schätze ich ganz besonders. Schmorbraten sind ein fester Bestandteil der norditalienischen Küche. Das Fleisch wird zunächst ausgiebig mariniert und dann langsam gegart. Dabei ist es wichtig, den Braten kräftig anzubräunen und nicht die ganze Weinmarinade auf einmal anzugießen, da sonst das Aroma verfliegt.

Weinempfehlung: Eine gute Gelegenheit, mit Freunden den erlesenen Barolo *riserva speciale* zu genießen, der noch im Keller lagert.

POLENTA CON BRASATO
Polenta mit Rinderschmorbraten

Für den Schmorbraten:
1 kg Rindfleisch zum Schmoren
50 g Speck, in Streifen geschnitten
1 Flasche alter Barolo
1 Mohrrübe
1 Zwiebel
2 Stangen Bleichsellerie
1 Lorbeerblatt
1 EL Pfefferkörner

1 Gewürznelke
10 g getrocknete Steinpilze
4 EL/50 g Butter
Butter
Für die Polenta:
1/2 l Wasser
1 EL Meersalz
375 g grobes (gelbes) Maismehl
7 EL/100 g Butter

Das Fleisch mehrmals einschneiden und mit dem Speck spicken. Das Fleisch in einer Schüssel mit dem Rotwein übergießen. Die Mohrrübe in dünne Stifte, Zwiebel und Sellerie in Scheiben schneiden. Das Gemüse mit Lorbeer, Pfeffer und Nelke zum Fleisch geben und dieses 8 Stunden marinieren; gelegentlich wenden.

Die Pilze 1 Stunde in kaltem Wasser einweichen und dann ausdrücken. Das Einweichwasser durchseihen und beiseite stellen. Das Fleisch abtropfen lassen, die Marinade beiseite stellen. Das Fleisch gründlich trockentupfen und mit Mehl bestäuben.

Die Butter in einem Topf erhitzen und das Fleisch auf hoher Flamme ringsum goldbraun braten. Die Hälfte der Marinade samt Gemüse und Gewürzen hinzufügen. Salzen und die Pilze dazugeben. Den Braten bei niedriger Hitze zugedeckt 3 Stunden schmoren, dabei nach und nach die restliche Marinade angießen.

Etwa 1 Stunde vor Ende der Garzeit die Polenta zubereiten: Das Wasser mit dem Salz aufkochen. Das Maismehl einstreuen und dabei mit dem Schneebesen rühren. Etwa 40 Minuten kochen; ab und zu mit dem Holzlöffel umrühren.

Den Topf vom Herd nehmen. Die Butter gründlich unterziehen und die Polenta in eine nasse Schüssel gießen. Zusammendrücken und glattstreichen. Auf ein Holzbrett stürzen und bis zum Servieren unter einem Tuch warm halten.

Den Braten auf eine Platte legen und warm stellen. Den Topfinhalt im Mixer pürieren und mit dem Einweichwasser der Pilze zurück in den Topf geben. Die Sauce kochend eindicken lassen. Den Braten aufschneiden, mit der Sauce übergießen und mit der Polenta servieren.

CAROTE E CIPOLLE GLASSATE
Glasierte Mohrrüben und Zwiebelchen

450 g kleine Zwiebeln
450 g Mohrrüben
Salz und Pfeffer
1 EL Butter
1 EL Olivenöl »extra vergine«
6 EL Zucker
7 cl Rotweinessig

Die Zwiebeln etwa 10 Minuten kochen. Abtropfen lassen und schälen. Die Mohrrüben in mundgerechte Stücke teilen und blanchieren. Das Gemüse mit Butter und Öl in einen Topf geben. 1 Glas Wasser angießen und das Gemüse 30 Minuten dünsten.

Den Zucker im Essig auflösen, 5 Minuten kochen und zum Gemüse geben. Die Sauce vor dem Servieren nach Belieben einkochen lassen.

MELE ALLA CREMA
Bratäpfel mit Sahnesauce

6 EL Rosinen
7 EL/10 cl Dessertwein
2 EL/25 g Zucker
22 cl Sahne
2 EL Grand Marnier
6 Äpfel (Golden Delicious)
1 EL Butter für die Form
6 Amaretti

Die Rosinen etwa 1 Stunde im Wein ziehen lassen. Den Zucker in einem Topf bei mäßiger

Polenta

Hitze schmelzen, dabei ab und zu rühren. Gleichzeitig die Hälfte der Sahne erhitzen. Sobald der Zucker karamelisiert, die Sahne einrühren. Den Grand Marnier hinzugeben und die Sauce erkalten lassen.

Die übrige Sahne steif schlagen und, bis auf einen Rest zum Verzieren, unter die Sauce ziehen.

Die Äpfel schälen, vom Kerngehäuse befreien und mit den Rosinen füllen. In eine ein-

gebutterte Form setzen. Unter Zugabe von etwas Wasser etwa 30 Minuten bei 180°C backen. Abkühlen lassen und mit der Sauce übergießen. Mit der restlichen Sahne garnieren und mit den zerkrümelten Amaretti bestreuen.

LIGURIEN

CAPO SANTA CHIARA IN GENUA

Rezepte von der Riviera aus dem Hause von Giovanna Cameli

Hielte ich mich auf dieser gastronomischen Reise an die geographische Route, so müßten wir die Seealpen überqueren, die den Piemont von Ligurien trennen.

Gewöhnlich komme ich jedoch von meinem Wohnsitz in der Toskana, die im Südosten an Ligurien grenzt, und am liebsten unternehme ich diese Reise zu Ostern. Man möchte meinen, zu dieser Jahreszeit herrsche schon ein angenehm mildes Klima und alles stehe in voller Blüte. Doch ist es in den Hügeln von Chianti, wo ich zu Hause bin, oft noch recht trüb und regnerisch und die Landschaft trostlos und kahl. Traditionsgemäß sollten die in Töpfen gezogenen Zitronenbäumchen an Ostern aus ihrem Winterquartier geholt und in den Garten gestellt werden, doch wenn Ostern besonders früh fällt, ist immer zu befürchten, daß sie Frost oder gar Schnee abbekommen.

Malerische Fassaden an der Uferpromenade von Santa Margherita Ligure.
Oben: Im Haus von Giovanna Cameli in Capo Santa Chiara

In Ligurien dagegen hat der Frühling zu dieser Zeit garantiert schon Einzug gehalten. Auf der Fahrt entlang der Küstenstraße erblickt man immer wieder Bougainvilleas, die in üppigen Kaskaden über die Felsen wachsen. Unser Weg von der Toskana nach Genua — der dreihundert Kilometer lange Küstensaum Liguriens gliedert sich in die östliche Riviera di Levante, deren Abschluß die Bucht von Genua bildet, und die sich bis Frankreich fortsetzende Riviera di Ponente — führt uns vorbei an herrlichen Städtchen: Portovenere, wo Lord Byron begraben liegt, Rapallo, Santa Margherita Ligure, Portofino und Camogli.

Von den terrassenförmig steil ansteigenden, sorgsam bestellten Feldern wehen uns die Düfte Liguriens entgegen, jene so unverwechselbaren Gerüche, die uns einen Vorgeschmack auf die aromatische Küche dieser Region vermitteln. Obwohl erst Ende März, erblicken wir überall an den Straßenrändern und in den Feldern bereits die blauen Blütensterne des Borretsch. In Genua verwendet man dieses Küchenkraut mit seinem stark an Gurken erinnernden Geschmack als Füllung für Ravioli, so wie man in der Toskana hierfür Spinat hernimmt. Daneben dient es als traditionelle Füllung für Omeletts, sowie als Gewürz für verschiedene regionale Gerichte. Sehr gut schmecken die jungen Blätter und Blüten auch in Salaten.

Der Majoran ist ein weiteres aromatisches Kraut, das die milde Luft Liguriens ebenso würzt wie seine kulinarischen Spezialitäten, besonders Suppen und Fischgerichte und die klassische Nußsauce, die man zu *pansoti*, dreieckigen Ravioli, serviert. Als Füllung für diese *pansoti* und zur geschmacklichen Abrundung von Reis und Suppen verwendet man *preboggion*, ein Bouquet garni, das je nach Jahreszeit aus Löwenzahn, Bibernelle, Distel, Kerbel, Radicchio und anderen Kräutern besteht, die auf Wiesen und Feldern gesammelt werden.

Das edelste der ligurischen Kräuter, dessen Name sich von dem griechischen Wort für »königlich« ableitet, und das wohlriechendste von allen ist das Basilikum. Es wächst in den Gärten in dichten Büscheln und wird in der Stadt in kleinen Töpfen auf dem Fensterbrett gezogen. Es ist — im wahrsten Sinne des Wortes — die Essenz jener so typischen Sauce der ligurischen Küche, des *pesto*.

Daß bei einer traditionellen Zubereitung, die so untrennbar mit der Gastronomie einer Region verbunden ist wie das Pesto, verschiedene Varianten existieren, läßt sich denken. Allerdings sind die Grundzutaten und -techniken der Herstellung festgelegt. Wie der Name schon andeutet — »pestare« bedeutet »zerreiben« oder »zerstoßen« —, wird die Sauce im Mörser aus einem Bund frischer Basilikumblätter, ein bis zwei Knoblauchzehen, einer Prise Salz, einer Handvoll Pinienkernen und etwas Pecorino (Schafskäse) zubereitet. Sobald alles zu einer feinen Paste zerrieben ist, gibt man etwas Olivenöl hinzu, bis sich eine geschmeidige, satt grüne Sauce ergibt. Butter ist in den überlieferten Rezepten ebenso wenig vorgesehen wie Walnüsse oder Parmesan.

Natürlich gelingt das echte Genueser Pesto, so die herrschende Meinung, nur mit der besonders aromatischen kurzblättrigen Basilikumart, die vor dem Knospen geerntet wird. Es sollten ein Marmormörser (Carrera liegt unmittelbar unterhalb Liguriens in der Toskana) und ein Stößel aus gutem Hartholz verwendet werden, da sich so der volle Geschmack der Zutaten entfalten kann und die Sauce eine perfekte Konsistenz erhält. Aber auch mit dem weiter verbreiteten großblättrigen Basilikum, Parmesan und sogar mit Hilfe der Küchenmaschine erzielt man ein durchaus überzeugendes Ergebnis.

Die Villa von Giovanna Cameli

Hier nun ein hilfreicher Tip, den ich kürzlich im Hause meiner Genueser Freundin Giovanna Cameli bekam, als mir die zartgrüne Farbe ihres Pesto auffiel. Wenn die Sauce mit einer heißen Speise in Berührung kommt, verblaßt sie gewöhnlich. Maria, seit fünfundzwanzig Jahren Köchin des Hauses, sagte mir, man könne die frische Farbe nur erhalten, indem man Blätter von Pflänzchen verwendet, die maximal 7,5 cm hoch sind. Sie hegt diese in Töpfchen im Garten, zieht bei Bedarf die ganze Pflanze heraus und sät ständig neu aus, so daß sich ihr Vorrat nie erschöpft.

Giovanna lebt im Genueser Bezirk Boccadasse, wo sie ein herrliches Haus am äußersten Ende von Capo Santa Chiara besitzt. Bis ins vorige Jahrhundert lebten auf diesem ins Meer hinausragenden Gebirgsvorsprung ausschließlich Fischer und Taucher, die in den Werften Genuas arbeiteten.

Ich bin eingeladen, Ostern bei ihr zu verbringen. Giovanna pflegt einen ungewöhnlichen und erfreulichen Brauch: Am Ostersonntag kommt der Gemeindepfarrer mittags in ihr Haus, um für Familie und Freunde eine Messe zu zelebrieren. Danach findet ein festliches Mittagessen statt, das sie auf der herrlichen Terrasse ihres Hauses serviert.

Seit jeher besteht der erste Gang aus einem der epikureischen Meisterwerke der Genueser Küche, der *torta pasqualina*. Sämtliche Gäste freuen sich auf diesen Osterkuchen, den Maria noch immer nach dem Originalrezept mit vierundzwanzig hauchfeinen Teigblättern zubereitet.

Für die *torta pasqualina,* einen Gemüsekuchen, der im Laufe der Jahrhunderte bis zur Perfektion verfeinert wurde, verwendet man die kleinen, violetten, mit langen, dichten Blättern besetzten Artischocken, die zu dieser Jahreszeit am besten schmecken. Maria verarbeitet nur die zartesten Blätter und Böden. Diese werden mit Knoblauch, Bibernelle und Majoran gewürzt, in Olivenöl gedünstet und an-

Geschirr und Tafelsilber im Eßzimmer

schließend mit frischem Ricotta, Parmesan und Ei zu einer reichhaltigen Füllung verarbeitet. Nun verteilt Maria die Mischung auf zwölf Teigblätter und drückt zwölf kleine Vertiefungen hinein, in die sie jeweils ein Ei schlägt. Nach dem Backen bereichern die goldgelben Dotter den Kuchen nicht nur um einen angenehm zarten Geschmack, sondern nach dem Aufschneiden auch um einen hübschen optischen Effekt. Zuletzt wird das Ganze mit den verbleibenden Teigblättern bedeckt, die im Ofen zu (24 einzeln zählbaren!) goldbraun-knusprigen Schichten aufgehen. Ich hoffe, ich habe den Symbolgehalt dieser Zubereitung nicht geschmälert, indem ich in meinem Rezept die Anzahl der Eier und der oberen Teigblätter auf sechs reduzierte. Immerhin handelt es sich um eine Ostertorte, und bei dem ursprünglichen Ostermahl waren zwölf Gäste zugegen. Doch auch in meiner Variante ist der Kuchen eines festlichen Anlasses würdig. In Ligurien bekommen Sie die *torta pasqualina* als durchaus akzeptable fertige Zubereitung in Delikatessengeschäften.

Als zweiten Gang reicht Giovanna das

vielleicht berühmteste Genueser Fischgericht, *cappon magro,* eine außergewöhnlich aufwendige Zusammenstellung von Zutaten, die ursprünglich ganz einfach gewesen war. Tatsächlich handelt es sich hierbei um eines der interessantesten Beispiele dafür, zu welchen Höhen (in diesem Fall auch im wahrsten Sinne des Wortes) ein Armeleuteessen im Laufe der Zeit »emporsteigen« kann. Es entwickelte sich aus denkbar einfachen Zutaten: etwas frischem Fisch und ein wenig Gemüse, die der Seemann im Hafen bekommen und auf seinen Schiffszwieback legen konnte, den er zuvor mit Knoblauch eingerieben und mit Olivenöl beträufelt hatte.

Heutzutage wird *cappon magro* als üppiger Fisch- und Gemüsesalat mit einer grünen Sauce serviert — Inbegriff der Mittelmeerküche in all ihrer Formenvielfalt und Geschmacksfülle. Grundlage ist nach wie vor einfacher Zwieback, der mit Knoblauch eingerieben und in Meerwasser eingeweicht wird. Darauf werden Lagen von verschiedenen Fischen, Gemüsen und einer cremigen Sauce aus Petersilie, Olivenöl, Essig, frischen Semmelbröseln, Kapern und Sardellen pyramidenförmig aufgetürmt, und schließlich wird das Gebilde mit Krustentieren phantasievoll dekoriert. Eine traditionelle Zutat, die noch den Ursprung dieses Gerichtes verrät, ist *musciame,* Streifen von getrocknetem Delphin, die den Genueser Seeleuten einst an Bord als Nahrung dienten und nach wie vor von den Fischhändlern Genuas angeboten werden. *Bottarga,* gepreßter Rogen verschiedener Fische, ist ein weiterer fester Bestandteil. Man sollte meinen, *cappon magro* sei ein zeitaufwendiges und kostspieliges Projekt. Doch spricht nichts dagegen, es wie die Seeleute von einst zu halten, die einfach aus dem Vorhandenen das Beste machten.

Baccalà und *stoccafisso,* zwei Arten getrockneten Kabeljaus, sind weitere überlieferte Fischspezialitäten. Zwar mag dies seltsam anmuten angesichts des Fischreichtums der Region, zumal der Kabeljau

Blick auf Santa Margherita Ligure

begrenzt waren, besonders für die Bewohner des bergigen Hinterlands als günstig erwies.

Obwohl die Begriffe *baccalà* und *stoccafisso* häufig durcheinandergeworfen werden, handelt es sich um zwei verschiedene Produkte, die sich in Geschmack und Beschaffenheit deutlich unterscheiden. *Baccalà*, also Klippfisch, wird gesalzen und teilweise getrocknet, während man *stoccafisso*, nämlich Stockfisch, ungesalzen auf Stockgerüsten im Wind trocknet. Beide müssen vor der Zubereitung mehrere Tage gewässert werden, was in Italien allerdings meist der Fischhändler schon vor dem Verkauf erledigt. In Ligurien werden *baccalà* wie auch *stoccafisso* auf verschiedenste Weise zubereitet — ausgebacken, in Sauce geschmort oder auch, wie in Marias Rezept, mit Kartoffeln, Tomaten und Oliven gegart.

Jedes Jahr am 24. Juni, dem Festtag von Genuas Schutzheiligen, Johannes dem Täufer, und zufällig auch ihrem Namenstag, eröffnet Giovanna ihren Sommersitz in Portofino mit einem weiteren Fest. Bei dieser Gelegenheit verriet mir ihre Köchin die Zubereitung von Pesto, das an jenem Wochenende in zwei klassischen Kombinationen serviert wurde: zunächst in einer *minestrone genovese*, einer Komposition aus Kopfsalat, Borretsch, Petersilie, Mangold, Lauch, Zucchini, Erbsen, Artischocken und grünen Bohnen, die unmittelbar vor dem Servieren mit Pesto vervollkommnet wird.

Pesto ist die ideale Ergänzung zu jeder Art von Teigwaren. In Ligurien kombiniert man es traditionsgemäß mit *trenette*, sehr dünnen Teigstreifen, Maria dagegen zieht *lasagnette*, kleine Teigquadrate, vor. Grundsätzlich aber wird die Sauce kalt unter die dampfend heiße Pasta gemischt.

Auch in der Gefriertruhe bewahrt Pesto seinen Geschmack außerordentlich gut. Daher lege ich mir stets einen reichlichen Vorrat an, so daß ich noch im kalten toskanischen Winter das Frühlingsaroma der Riviera genießen kann.

im Mittelmeer nicht zu Hause ist, sondern seit dem Mittelalter aus Skandinavien importiert wird. Zweifellos ist in beiden Fällen der Grund darin zu suchen, daß hier-

mit ein gehaltvolles und zugleich haltbares Nahrungsmittel zur Verfügung stand, das sich zu Zeiten, in denen die Transport- und Konservierungsmöglichkeiten

Ein wirklich gelungener Artischockenkuchen muß knusprig leicht sein. Der Einfachheit halber habe ich die Anzahl der Teigblätter von zweimal 12 auf zweimal 6 reduziert. Wichtig ist aber nach wie vor, daß sie hauchdünn ausgerollt werden. Die Meringen lassen sich ebenso mit Pfirsichen bzw. im Winter mit Birnen oder Äpfeln zubereiten.

Weinempfehlung: Einer der besten Weine dieser Region ist der Vermentino Ligure. Er ist leicht spritzig und von strohgelber Farbe.

TORTA PASQUALINA
Artischockenkuchen

12 junge, zarte Artischocken
Saft von 1 Zitrone
12 cl Olivenöl »extra vergine«
2 Knoblauchzehen, gehackt
1 Handvoll Borretschblätter, gehackt
300 g Ricotta
125 g geriebener Parmesan
8 Eier
300 g Mehl
Salz und Pfeffer

Blätter und Stiele der Artischocken entfernen. Die Böden in Scheiben schneiden und einige Minuten in Wasser einlegen, das mit dem Zitronensaft gesäuert wurde. Gut abtropfen lassen.

2 EL Öl in einem Topf erhitzen. Artischocken, Knoblauch und Borretsch bei mäßiger Hitze andünsten. Salzen und pfeffern. Ricotta, Parmesan und 1 Ei unterziehen und die Mischung beiseite stellen.

Das Mehl auf die Arbeitsfläche häufen. In die Mitte eine Mulde drücken. Die Hälfte des restlichen Öls, 1 Prise Salz und soviel Wasser dazugeben, daß sich ein geschmeidiger, aber nicht zu weicher Teig ergibt. Diesen in 12 Portionen teilen, die jeweils zu möglichst dünnen Scheiben von 23 cm Durchmesser ausgerollt werden.

Eine Springform derselben Größe mit Öl ausstreichen. 6 Teigplatten hineinlegen und jeweils mit Öl bepinseln. Die Artischockenmischung darauf verteilen und darin mit den Fingern 6 Mulden formen. Jeweils 1 Ei hineinschlagen. Die restlichen Teigplatten darüberbreiten und mit Öl bestreichen.

Das verbliebene Ei verquirlen und damit den Kuchen einpinseln. Bei 180°C etwa 1 Stunde goldbraun backen und sofort servieren.

BACCALÀ ALLE OLIVE
Klippfisch-Ragout

450 g Klippfisch
3 große Kartoffeln
450 g reife Tomaten
100 g grüne Oliven
2 Knoblauchzehen
1 Zwiebel
1 Mohrrübe
1 Stange Bleichsellerie
12 cl Olivenöl »extra vergine«
50 g Pinienkerne
1 Glas Weißwein
Salz und Pfeffer

Artischockenkuchen
Klippfisch-Ragout

Den Klippfisch 2 Tage in kaltes Wasser legen, das gelegentlich ausgetauscht wird. Abtropfen lassen, trockentupfen und in mundgerechte Stücke teilen. Kartoffeln und Tomaten schälen und in Stücke schneiden. Oliven entsteinen; Knoblauch, Zwiebel, Mohrrübe und Sellerie hacken.

Das Öl in einer Pfanne erhitzen und die gehackten Zutaten bei mäßiger Hitze goldgelb dünsten. Fisch, Tomaten und Kartoffeln dazugeben. Das Ganze zugedeckt etwa 20 Minuten garen lassen, dabei ein paarmal umrühren. Oliven, Pinienkerne und Wein zufügen. Salzen und pfeffern und weitere 10 Minuten schmoren lassen. Das Gericht auf einer Platte anrichten und servieren.

ALBICOCCHE MERINGATE
Aprikosenmeringen

18 Aprikosen
1 Glas süßer Weißwein
125 g Zucker
5 EL Himbeermarmelade
3 Eiweiß
3 EL Puderzucker
7 EL Schlagsahne

Die Aprikosen entsteinen und dabei so wenig wie möglich öffnen. Mit Wein und Zucker in einen Topf geben und bei milder Hitze zugedeckt garen. Die Aprikosen abtropfen lassen, den Saft zusammen mit der Marmelade einkochen. Aprikosen und Saft völlig erkalten lassen.

Die Eiweiße mit dem Puderzucker steif schlagen. In 6 Förmchen etwas Eischnee und darauf je 3 Aprikosen geben. Ein wenig Saft darübergießen und die Sahne darauf verteilen. Die Desserts mit dem restlichen Eischnee überziehen.

Die Meringen bei 190°C etwa 20 Minuten goldgelb backen. Unverzüglich servieren.

MENÜ FÜR EINEN
NAMENSTAG

MINESTRONE ALLA GENOVESE
Genueser Gemüsesuppe

CONIGLIO RIPIENO
Kaninchenrollbraten

FAGIOLINI IN FRICASSEA
Grüne Bohnen in Zitronensauce

UOVA ALLA NEVE
Schnee-Eier

Für die Minestrone können Sie das Gemüse je nach Saison variieren, sollten dabei jedoch stets grüne Sorten verwenden und diese mindestens 2 Stunden bei niedrigster Temperatur kochen, damit sich der volle Geschmack entfalten kann. Lassen Sie sich bei dem Kaninchenrollbraten nicht durch das Ausbeinen abschrecken — auf Wunsch erledigt der Metzger dies für Sie. Die Schnee-Eier sind eines jener Desserts, von denen man nicht weiß, ob sie italienischen oder französischen Ursprungs sind. Ich erinnere mich, daß unsere Köchin sie zu meiner Kindheit mit einer Schokoladencreme zubereitete.

Weinempfehlung: Kredenzen Sie einen jungen Rossese di Dolceacqua, einen ligurischen Tropfen, der so gefällig ist wie sein Name — rubinrot mit einem Duft nach Rosen und wilden Beeren.

MINESTRONE ALLA GENOVESE
Genueser Gemüsesuppe

1 Zwiebel
50 g Bauchspeck
15 cl Olivenöl »extra vergine«
1 Handvoll getrocknete Steinpilze
1 Stange Bleichsellerie
1 Kopfsalat
1 Handvoll Borretschblätter
1 Handvoll Petersilie
200 g Mangold
2 Lauchstangen
100 g Erbsen (ohne Schoten)
2 Zucchini
2 Artischocken
100 g grüne Bohnen
1,7 l Wasser
1 Handvoll Basilikumblätter
Salz und Pfeffer

Zwiebel und Speck hacken und in 2 EL Öl in einem großen Topf anschwitzen. Die Pilze etwa 30 Minuten in Wasser einweichen. Ausdrücken und hacken. Alle übrigen Zutaten mit Ausnahme des Basilikums grob hacken und zusammen mit den Pilzen in den Topf geben. Umrühren und das Wasser angießen. Aufkochen und dann bei sehr milder Hitze etwa 2 Stunden leise köcheln lassen.

Das Basilikum fein wiegen und mit dem restlichen Öl vermischen. Die Minestrone in eine Terrine füllen und zuletzt die Basilikummischung einrühren.

CONIGLIO RIPIENO
Kaninchenrollbraten

1 Kaninchen von 1½ kg (mit Knochen)
100 g Bauchspeck
2 Eier
2 EL gehackter Majoran
2 EL Olivenöl »extra vergine«
100 g Mortadella, dünn aufgeschnitten
2 EL/25 g Butter
1 Glas Weißwein
Salz und Pfeffer

Das Kaninchen ausbeinen. Mit der Innenseite nach oben flach ausbreiten und mit Speckscheiben bedecken. Eier, Salz, Pfeffer und Majoran verquirlen.

Eine große Pfanne mit Antihaft-Beschichtung einölen und stark erhitzen. Die Eier hineingießen, so daß sie den Boden gleichmäßig bedecken. Die gestockte Eimasse über den Speck breiten und mit Mortadella bele-

Kaninchenrollbraten und grüne Bohnen in Zitronensauce

gen. Den Braten, am Schwanzende beginnend, zusammenrollen und zusammenbinden. Mit dem restlichen Öl und der Butter in eine Kasserolle geben. Salzen und pfeffern. 1½ Stunden bei 180°C garen, gelegentlich mit Wein übergießen. Den Küchenzwirn entfernen, den Braten aufschneiden und auf einer Platte anrichten. Den Bratenfond mit etwas Wasser ablöschen und über den Braten gießen.

FAGIOLINI IN FRICASSEA
Grüne Bohnen in Zitronensauce

700 g grüne Bohnen
2 EL Olivenöl »extra vergine«
1 Eigelb
Saft von 1 Zitrone
2 EL Weißwein
Salz und Pfeffer

Die Bohnen in kochendem Salzwasser garen, so daß sie noch Biß haben. Sofort kalt abbrausen, abtropfen lassen und mit dem Öl zurück in den Topf geben. Zugedeckt bei milder Hitze einige Minuten ziehen lassen. Salzen und pfeffern.

Eigelb, Zitronensaft, Wein und etwas Salz und Pfeffer verquirlen. Die Bohnen damit binden und einige Sekunden rühren, bis die Sauce eindickt (sie darf nicht kochen). Die Bohnen um den Kaninchenbraten verteilen und das Gericht servieren.

UOVA ALLA NEVE
Schnee-Eier

6 Eier, getrennt
225 g Puderzucker
1 l Milch
1 Vanilleschote
400 g Zucker
abgeriebene Schale und Saft von ½ Zitrone

Die Eiweiße mit dem Puderzucker zu steifem Schnee schlagen. Die Milch mit der Vanilleschote in einer Kasserolle zum Sieden bringen.

Einen großen Löffel in kaltes Wasser tauchen. Anschließend damit etwas Eischnee aufnehmen und diesem mit Hilfe einer Messerklinge eine Eiform verleihen. Das Schnee-Ei in die leise sprudelnde Milch gleiten lassen. Auf diese Weise den gesamten Eischnee verarbeiten. Die Schnee-Eier nach 1 Minute behutsam wenden und noch 1 Minute garziehen. Abtropfen lassen, auf die Arbeitsfläche legen.

Die Eigelbe mit 200 g Zucker in einer Schüssel zu cremigem Schaum schlagen. ½ l der heißen Milch und die Zitronenschale hinzufügen. Im Wasserbad erhitzen (jedoch nicht kochen), bis die Creme eindickt. Die Creme in eine flache Schale gießen und abkühlen lassen. Die Schnee-Eier darauf anrichten.

Den restlichen Zucker im Zitronensaft schmelzen, bis er karamelisiert. In feinem Strahl über das Dessert gießen. Bis zum Servieren kalt stellen.

SOMMERMENÜ
AN DER RIVIERA

LASAGNETTE AL PESTO
Kleine Lasagne mit Pesto

COSTOLETTE DI TONNO
Paniertes Thunfischsteak

PISELLI ALLA GENOVESE
Erbsen mit Schinken und Artischocken

CROSTATA DI FICHI E LIMONI
Feigen-Zitronen-Torte

Die traditionsbewußten Restaurants dieser Region kombinieren meistens drei Lagen Lasagne mit Pesto. Lasagnette aber verleihen dem Gericht etwas mehr Eleganz. Für das Fischgericht können Sie ebenso Forelle oder Seezunge verwenden.

Achten Sie beim Kauf der Feigen für die Torte darauf, daß die Früchte klein, süß und vor allem dünnschalig sind.

Weinempfehlung: Pigato, ein würziger Weißwein der ligurischen Riviera, paßt zu diesem Menü besonders gut.

LASAGNETTE AL PESTO
Kleine Lasagne mit Pesto

300 g Mehl
3 Eier
6 Basilikumpflänzchen (7–10 cm hoch)
2 Knoblauchzehen
1 EL geriebener Pecorino
2 EL geriebener Parmesan
12 cl Olivenöl »extra vergine«
1 EL Pinienkerne
Salz

Das Mehl auf die Arbeitsfläche häufen. In die Mitte eine Mulde drücken. Die Eier hineinschlagen und 1 Prise Salz dazugeben. Nach der Anleitung auf S. 188 einen Pastateig herstellen.

Den Teig dünn ausrollen und in 10 cm große Quadrate schneiden. Die Basilikumblättchen abzupfen und mit etwas Salz, dem Knoblauch, Pecorino, Parmesan, Olivenöl und den Pinienkernen im Mixer glattrühren.

Die Lasagnette in sprudelndes Salzwasser gleiten lassen und kochen, bis sie an die Oberfläche steigen. Abseihen, mit dem Pesto übergießen, durchmischen und servieren.

COSTOLETTE DI TONNO
Paniertes Thunfischsteak

125 g feine trockene Semmelbrösel
3 EL gehackter Majoran
feingewiegte Schale von 1/2 Zitrone
1 Ei
6 Thunfischsteaks (4 cm dick)
12 cl Olivenöl »extra vergine«
Salz

Semmelbrösel, Majoran und Zitronenschale in einer Schüssel vermischen. In einer zweiten Schüssel das Ei mit 1 Prise Salz verquirlen.

Die Thunfischsteaks in das Ei tauchen und in den Semmelbröseln wenden. Anschließend im heißen Öl etwa 2 Minuten auf beiden Seiten goldbraun braten. Zum Abtropfen auf Küchenkrepp legen. Auf einer Platte anrichten und servieren.

PISELLI ALLA GENOVESE
Erbsen mit Schinken und Artischocken

3 Artischockenherzen
50 g Schinken, gehackt
2 EL Olivenöl »extra vergine«
400 g Erbsen (ohne Schoten)
1/2 Glas Weißwein
1 kleiner Kopfsalat, gehobelt
Salz

Die Artischockenherzen säubern und in feine Scheiben schneiden. Den Schinken einige Minuten im Öl unter Rühren braten. Artischocken und Erbsen zufügen und salzen. Umrühren, den Wein angießen. Das Ganze zugedeckt bei milder Hitze 10 Minuten schmoren lassen. Den Salat untermischen, und das Gericht noch einige Minuten garen lassen. Auf einer Platte anrichten und servieren.

CROSTATA DI FICHI E LIMONI
Feigen-Zitronen-Torte

200 g Mehl
1 Eigelb
225 g Zucker
100 g Butter
6 Zitronen
1 kg Feigen
1 TL Fenchelsamen

Das Mehl auf die Arbeitsfläche häufen. In die Mitte eine Mulde drücken. Das Ei, die Hälfte des Zuckers und die Butter hineingeben. Nach der Anleitung auf S. 188 einen Mürbeteig bereiten.

Die Zitronen ringsum mit der Gabel einstechen und einige Minuten in Wasser kochen. Den Kochvorgang dreimal wiederholen und jedesmal das Wasser erneuern. Die Zitronen abtropfen lassen und ungeschält in dünne Scheiben schneiden. Diese mit dem restlichen Zucker und 1/2 Glas Wasser in einen Topf geben. Zugedeckt bei niedriger Hitze etwa 10 Minuten kochen. Den Sirup abgießen und beiseite stellen.

Den Teig ausrollen. Eine gebutterte und eingemehlte Tortenform mit herausnehmbarem Boden mit dem Teig auskleiden. Die Zitronenscheiben darauf verteilen. Die gewaschenen ungeschälten Feigen in Scheiben schneiden und auf die Zitronen legen. Den Sirup und die Fenchelsamen darüber verteilen. Die Torte bei 180°C etwa 45 Minuten backen. Auskühlen lassen, aus der Form nehmen und auf einem Kuchenteller servieren.

Kleine Lasagne mit Pesto *Feigen-Zitronen-Torte*

LOMBARDEI

CA' MERA IN VARESE

Wiederentdeckung alter Rezepte im Landhaus des Mailänder Antiquitätenhändlers Alessandro Orsi und seiner Frau Lidia

Mailand wird wie viele andere Großstädte an den Wochenenden von seinen Bewohnern gemieden, während die Bevölkerung seiner endlosen Vororte von den Vergnügungen des Großstadtlebens massenweise angezogen wird. Wann immer ich das Pech habe, über das Wochenende in Mailand bleiben zu müssen, flüchte ich mich auf den nahegelegenen Landsitz meiner Freunde Lidia und Alessandro Orsi. Ca'Mera, weniger als eine Autostunde vom Zentrum Mailands entfernt, liegt oberhalb des Vareser Sees und gewährt (bei klarem Wetter) einen Ausblick auf die Alpen. In dieser Gegend beginnt der *Lake District* der Lombardei, seit Jahrhunderten für die von Hektik geplagten Mailänder eine Oase der Ruhe und Erholung inmitten dieses dicht besiedelten Industriegebietes. Sobald man die Fabrik-

Links: Comer See
Oben: Ca' Mera, vom Garten aus betrachtet

45

Blick vom gotischen Mailänder Dom

anlagen hinter sich läßt, vollzieht sich verblüffend schnell der Übergang zum grünen Alpenvorland, zu Feldern, gepflegten Obstplantagen, Weinbergen und bezaubernden Villen, deren Gärten sich terrassenförmig am Seeufer hochziehen.

An diesem Wochenende hat Lidia mich eingeladen, um ihr beim Sortieren alter lombardischer Familienrezepte zu helfen. Vor einigen Monaten war sie beim Ausräumen alter Schränke auf mehrere handgeschriebene Rezeptsammlungen ihrer Großmutter, der »grande gourmande« der Familie, wie Lidia sagt, gestoßen. Leider war ihr die Haushälterin zuvorgekommen und hatte bereits eine volle Schachtel weggeworfen, doch Lidia konnte wenigstens den Rest retten.

In Mailand und überhaupt der ganzen Lombardei kann man wohl am ehesten alte Originalrezepte entdecken, die noch heute in Privathaushalten und in den gewissenhaften Restaurants wie einst nachgekocht werden. Paradoxerweise ist dies zweifellos darauf zurückzuführen, daß Stadt und Region durch Zuwanderer aus dem Süden und Invasoren aus Nordeuropa starken äußeren Einflüssen ausgesetzt waren und den Lombarden demzufolge sehr daran gelegen war, ihre Kochtradition zu bewahren. Zudem verfügte das wohlhabende Bürgertum in diesem wohl reichsten Gebiet Italiens über genügend Geld und Zeit, um sich kulinarische Hochgenüsse leisten zu können: Zu Beginn des 19. Jahrhunderts schrieb Stendhal, ein Bewunderer Mailands, in sein Tagebuch, die Stadt sei »Paris in der Kunst, das Leben zu genießen, um zwei Jahrhunderte voraus«. Die Rezepte von Lidias Großmutter entstammen derselben Zeit und kulinarischen Tradition.

Schon immer hat eine Vorliebe für alte Dinge Lidia und mich verbunden. Früher einmal führten wir gemeinsam ein auf Art deco spezialisiertes Antiquitätengeschäft. Mein Mann und ich kennen Lidia und Sandro seit unserer Studienzeit in Mailand. Wir besuchten dieselbe *latteria* oder Milchbar in der via Bagutta. Damals lag eine *latteria* auf der Preisskala italienischer Gastronomiebetriebe ein paar Punkte unterhalb einer Trattoria, und die *Latteria di Betty* war unser bevorzugter Treffpunkt. (Noch fünfundvierzig Jahre später kommen wir an diesem Ort zusammen, heute allerdings zum Essen, da sich hier inzwischen eines der beliebtesten Restaurants Mailands etabliert hat.) Wir heirateten etwa zur gleichen Zeit, und unsere Kinder wuchsen zusammen auf. Heute sind ihre drei Söhne, wie der Vater, im Antiquitätenhandel tätig. Nachdem wir vor einigen Jahren unsere Zweitwohnung in der via Bagutta bezogen, sind wir nun auch Nachbarn.

Majestätisch und anmutig liegt Ca'Mera mit seinen rötlich-gelben Steinmauern über dem leuchtendblauen See. In dem riesigen großen Park und Garten veranstalteten unsere Kinder einst ihre »Olympischen Sommerspiele«, tollten sie zwischen den hier und da aufgestellten Statuen umher, sprangen sie übermütig in den Pool, und bald werden unsere Enkel — so hoffen wir — es ihnen gleichtun.

Als Sandro Ca'Mera vor vielen Jahren erwarb, nachdem er sein Herz drei Jahre

Alte Kostbarkeiten in Ca' Mera

Flur im ersten Stock von Ca' Mera

zuvor an das Anwesen verloren hatte, war das Gebäude praktisch zu einer Ruine verkommen. Unverzüglich begann er mit der Restaurierung. Je nach Konjunktur auf dem Markt für Porzellan des 17. Jahrhunderts (Sandro ist einer der namhaftesten Antiquitätenhändler auf diesem Gebiet) — schritt das Projekt zügig oder schleppend voran, nie aber ließen Sandros unermüdliche Energie und Freude an der Arbeit nach, und die Ergebnisse können sich sehen lassen.

Das Gebäude wurde Ende des 15. Jahrhunderts errichtet. Dies belegt die Jahreszahl 1495 über dem Eingang zu einer alten Arkade. Rechts davon ist das Wappen einer jener omnipräsenten Medici zu sehen, in diesem Falle eines Mailänder »Cousins«, Papst Pius IV. Er war der Onkel von San Carlo Borromeo, einem der großen Männer der Mailänder Geschichte, der im Dom begraben liegt. (Das derzeitige Familienoberhaupt, Fürst Carlo Borromeo, ist Besitzer der Isola Bella im nahegelegenen Lago Maggiore.) Im 17. und 19. Jahrhundert wurden Anbauten vorgenommen, und es ist bezeichnend für Sandros Sinn für Ästhetik, daß er diese wieder vollständig entfernte. Er hat auch beim Wiederaufbau den alten Baustoff soweit wie möglich integriert oder sich auf die Suche nach Materialien aus derselben Epoche begeben.

Mehr noch kommt Sandros Persönlichkeit in der lässigen Eleganz und Behaglichkeit zum Ausdruck, die Antichambres, Salons, Speisezimmer und Bibliothek prägen. Für die Einrichtung wählte er nord-italienische Stücke aus dem 17. und 18. Jahrhundert. Sandros Sammlung von Ge-mälden und anderen Kunstgegenständen ist eigenwillig, beinahe skurril, niemals je-doch rein dekorativ oder gar protzig. Da hängt ein Canaletto neben einem einfa-chen Stich, der vor allem Erinnerungswert hat, und einer langen Reihe von Hunde-portraits. Selbst die beiden heiteren Dar-stellungen junger, für den Karneval zu-rechtgemachter Venezianerinnen, die den vornehmen lombardischen Kamin aus dem 16. Jahrhundert flankieren, sind von Interesse, denn sie zeugen von der Ko-stümmode des 17. Jahrhunderts. Und der herrliche chinesische Wandschirm aus dem 18. Jahrhundert, der die gegenüberlie-gende Wand beherrscht, spiegelt den Ge-schmack des lombardischen Kleinadels je-ner Zeiten wider. All das vermittelt aber keineswegs den Eindruck eines Museums, sondern vielmehr den eines wohnlichen Zuhauses, in dessen Genuß jetzt drei Ge-nerationen und oft auch Gäste kommen. Es bietet das ideale Ambiente, um über das Wochenende die alten Rezepte von Li-dias Großmutter zu durchforsten.

Das erste, ein als Vorspeise gedachter Salat aus Kapaun und Walnüssen, bedarf eigentlich keiner Überarbeitung. Auf den ersten Blick könnte es der Zeit der *nouvelle cuisine* entstammen, doch weist ein Rand-vermerk es als Rezept aus dem Mantua des 18. Jahrhunderts aus. Das erstemal lernte ich eine ähnliche Zubereitung in Franco Colombanis berühmtem Restaurant *Il Sole* in Maleo bei Mailand kennen. In einem weiteren klassischen Rezept der lombardi-schen Küche wird ein Kapaun mit einer Walnußmasse gefüllt und langsam garge-kocht. Das traditionelle Mailänder Weih-nachtsessen, *cappone a lesso,* das ich selbst auch für meine Familie in Chianti zube-reite, schreibt vor, den Kapaun mit dem üblichen italienischen Suppengrün, das heißt Zwiebel, Mohrrübe und Sellerie, je nach Gewicht eineinhalb bis zwei Stunden zu kochen, bis er auf der Zunge zergeht.

Der Vorteil des Kapauns gegenüber ande-rem Geflügel, den angeblich die Römer als erste entdeckten, liegt in seiner außer-gewöhnlichen Zartheit. Möglicherweise reicht auch die Mailänder Vorliebe für dieses Fleisch bis in römische Zeiten zu-rück, denn immerhin war Mailand, das ehemalige *Mediolanum,* beinahe ein Jahr-hundert lang Hauptstadt des Römischen Reiches.

So gewissenhaft wurde das nächste Re-zept von Generation zu Generation wei-tergegeben, daß sich auch in diesem Fall jede Korrektur erübrigt. In ihrem Buch *Vecchia Milano in Cucina* gibt Ottorina Per-na Bozzi, führende Expertin der Geschich-te der lombardischen Kochkunst, vier Re-zepte für *risotto giallo* oder *alla milanese* (den berühmten Mailänder Safranreis) an, die aus einem Zeitraum von etwa zwei-hundert Jahren stammen und sich in nichts von der heutigen klassischen Zube-reitung unterscheiden. Das Rezept war schon damals vollkommen, und natürlich hatten die Mailänder auch Zeit genug ge-habt, diese Perfektion zu erreichen. Denn Reis war eines ihrer Hauptnahrungsmittel, seit der dritte Herzog von Mailand, Gale-azzo Maria Sforza, ihn im 15. Jahrhundert dort heimisch machte. Im Laufe der Zeit ersann man viele Arten der Verfeinerung (sogar mit den Fröschen, die sich in den ausgedehnten Feldern um die Stadt tum-meln), doch die Kombination mit Safran — vermutlich geht sie auf die Zeit der spa-nischen Besetzung zurück — avancierte zum Mailänder *primo piatto* par excellence. Nach dem Rezept von Lidias Großmutter gibt man Kürbiswürfel an den Risotto, wodurch er eine gefällige süße Note er-hält.

Das im Ausland wohl bekannteste Mai-länder Gericht ist *costoletta milanese.* Bei diesem Rezept ist eine Korrektur aller-dings dringend angebracht, was angesichts seines Alters (es taucht im Menü für ein Abendessen auf, das der Abt des Klosters von Sant'Ambrogio im Jahre 1134 gab) ver-ständlich wird. Das ursprüngliche Gericht

hat nichts zu tun mit dieser »Scheibe von undefinierbarem Fleisch, die eingepackt ist in eine durchnäßte Hülle aus Brot und Löschpapier«, wie Elizabeth David das sattsam bekannte Produkt der englischen Küche so treffend beschreibt, und auch nichts mit der in Schmalz gebratenen Wiener Version. In der richtigen Zubeirei-tung haben wir es hier mit einem der wirklich großartigen und dabei unkompli-zierten Gerichte zu tun. Lidias altes Re-zept beschreibt eine Variante, bei der die Kalbskoteletts zusätzlich etwas Pfiff erhal-ten: Sie werden zum Schluß noch einmal in einer süß-sauren Sauce aus Zucker, Rotweinessig und Rosinen erwärmt.

Im allgemeinen schließen die Italiener ihre Mahlzeiten mit Käse und Obst an-stelle eines Desserts ab. In der Lombardei jedoch reicht man nicht selten eine Süß-speise aus Mascarpone, einem sehr fetten, cremigen Käse, dessen zarter Geschmack ausgezeichnet mit anderen Zutaten har-moniert. *Torte di formaggio* heißen die wie-der in Mode gekommenen Torten, die aus Schichten von Mascarpone, frischem Basi-likum, Nüssen und Provolone oder Gor-gonzola bestehen und mit Früchten ganz köstlich schmecken. Ursprünglich kommt der Mascarpone aus dem nahegelegenen Lodi, doch findet man ihn heute nahezu überall. Einen besonders guten bekommt man in Mailand in Peck's Delikatessenla-den, wo er noch immer in kleinen Musse-linsäckchen abgepackt wird. Schon Casa-nova berichtet in seinen Memoiren, daß er, in dieser Gegend auf der Suche nach an-derem Pläsier, seinen Appetit — zumindest vorübergehend — mit einer Schale Mas-carpone befriedigte.

Zu den zahlreichen klassischen Süßspei-sen der Lombardei, die mit Mascarpone hergestellt werden, zählt das *dolce del prin-cipe,* eine Cremespeise, die eines Fürsten würdig ist. Aber auch pur, nur mit Zucker oder Kakaopulver bestreut oder mit Cog-nac oder Rum verrührt, schmeckt dieser Käse vorzüglich. Meine Kinder bestrichen sich damit gerne ein Marmeladenbrot,

wenn sie aus der Schule kamen. Im Rezeptbuch von Lidias Großmutter finden wir ein Dessert, das wir heute abend servieren werden: Mascarpone-Pudding mit heißer Holundersauce. Ich persönlich mag die Kombination aus Süß und Sauer besonders gern, weil sie bekömmlicher ist und zu einer zweiten Portion animiert.

Da sich an diesem Wochenende eine vielköpfige Gesellschaft in Ca'Mera eingefunden hat – die Familie Orsi mit Kindern und Enkeln, dazu mein ältester Sohn Paolo mit Roberta und ihrem Sohn Giacomo, meinem ersten Enkel, sie alle sind zu diesem besonderen Essen am Samstagabend gekommen –, hat Lidia beschlossen, in Sandros »Wunderkammer« zu decken. In diesem Raum hat Sandro die »Kuriositäten« seiner Sammlung zusammengestellt. Hier finden sich Kunstobjekte ebenso wie wissenschaftliche Gegenstände und Dinge aus der Natur. Da gibt es alte Instrumente, Fossilien und Mineralien und dazu ein großes ausgestopftes Krokodil, das, sehr zur Freude der Jüngsten, die Wand neben dem Kamin hochklettert.

Bevor wir am folgenden Tag, eher widerstrebend, nach Mailand zurückfahren, sammeln Lidia und ich in ihrem herrlichen Garten Pfefferminze, Salbei und Lorbeer, aus denen sie ihren berühmten Magenbitter herstellt – genau die richtige Beschäftigung für einen müßigen Sonntagmorgen. Die Blätter und Kräuter werden einfach mit Kornbranntwein übergossen und müssen dann eine Weile ziehen. Ich werde ein, zwei Flaschen nach Coltibuono mitnehmen, wo wir in ein paar Monaten hoffentlich das Ergebnis unserer Arbeit genießen und auf alte bewährte Freundschaften anstoßen können.

Die Antiquitätensammlung umfaßt unter anderem eine wunderschöne Madonna mit Kind und zahlreiche alte Globen

MENÜ FÜR EIN WOCHENENDE
AUF DEM LANDE

INSALATA DI PETTO DI CAPPONE
ALLE NOCI
Kapaunbrust-Salat mit Walnüssen

SFORMATO DI CAROTE E SPINACI
Spinat-Mohrrüben-Auflauf

ANIMELLE AL MARSALA
Kalbsbries in Marsala

MASCARPONE CON SALSA
AL SAMBUCO
Mascarpone mit Holundersauce

Der Kapaunbrust-Salat ist ausgesprochen einfach zuzubereiten und, in Kristallschälchen angerichtet, ein so hübscher Anblick, daß ich ihn meistens bereits auf den Tisch stelle, bevor die Gäste Platz nehmen.

Bei uns zu Hause gab es abends oft ein leichtes Fleischgericht kombiniert mit einem Gemüseauflauf, dessen Zutaten immer wieder variiert wurden. Auch die hier vorgestellte Kombination ist als abendliches Hauptgericht absolut ausreichend, zumal Kalbsbries ziemlich gehaltvoll ist.

Zu dem Mascarpone-Dessert würde natürlich auch eine Sauce aus anderen roten Beeren geschmacklich ganz ausgezeichnet passen.

Weinempfehlung: Reichen Sie einen frischen, zarten weißen Lugana zum Kapaunsalat und einen roten Riviera del Garda zum Hauptgericht. Aus der Lombardei kommt auch ein exzellenter Muskateller namens Moscato di Scanzo, der mit den Desserts dieser Region sehr gut harmoniert.

INSALATA DI PETTO DI CAPPONE ALLE NOCI
Kapaunbrust-Salat mit Walnüssen

1 Mohrrübe, gehackt
1 grüne Stange Bleichsellerie (äußere Staude), gehackt
1 Handvoll Petersilie
1 Lorbeerblatt
1 Kapaun- oder Hühnerbrust, ausgelöst
2 EL Rosinen
1 weiße Stange Bleichsellerie (innere Staude)
6 Salatblätter
1 EL Zitronensaft
3 EL Olivenöl »extra vergine«
8 Walnüsse, geschält und gehackt
Salz

Mohrrübe, Bleichsellerie, Petersilie und Lorbeerblatt in $1/2$ l Wasser etwa 30 Minuten leise köcheln lassen. Die Kapaunbrust mit etwas Salz dazugeben und leise köchelnd garen lassen. Abtropfen und nach dem Erkalten in feine Streifen schneiden.

Die Rosinen 30 Minuten in Wasser einweichen und abtropfen lassen. Die weiße Selleriestange in dünne Stifte schneiden. Die Salatblätter waschen und trockentupfen. Sellerie, Fleisch und Rosinen vermischen.

Aus Zitronensaft, Öl und 1 Prise Salz eine Marinade zubereiten. 6 Schalen mit den Salatblättern auslegen und jeweils etwas Kapaunsalat daraufgeben. Mit Marinade beträufeln, mit Nüssen bestreuen und servieren.

SFORMATO DI CAROTE E SPINACI
Spinat-Mohrrüben-Auflauf

4 EL/50 g Butter
100 g Mehl
35 cl Milch
450 g Mohrrüben
1 kg Spinat
$1/2$ TL gemahlene Muskatnuß
150 g Parmesan
4 Eier
Salz und Pfeffer

Aus Butter, Mehl und Milch eine dicke Béchamelsauce zubereiten. Mohrrüben und Spinat getrennt in kochendem Salzwasser garen lassen. Abtropfen und einzeln pürieren.

Mohrrüben und Spinat separat jeweils mit der Hälfte der Sauce, $1/4$ TL Muskatnuß, 50 g Parmesan und 2 Eiern vermischen. Salzen und pfeffern. Die beiden Gemüsemischungen schichtweise in eine gebutterte runde Form (23 cm) füllen. Mit dem restlichen Parmesan bestreuen.

Die Form in einen Topf setzen und diesen 2,5 cm hoch mit Wasser füllen. Den Auflauf im vorgeheizten Ofen bei 180°C etwa 1 Stunde backen. Auf eine Platte stürzen und mit dem Kalbsbries umlegen. Sofort servieren.

ANIMELLE AL MARSALA
Kalbsbries in Marsala

1 kg Kalbsbries
2 EL Mehl
4 EL/50 g Butter
12 cl Marsala
22 cl Fleischbrühe (siehe S. 189)

Das Kalbsbries mit Wasser bedecken. Aufkochen und 5 Minuten garen lassen. Abtropfen und kalt abbrausen. Von Fett und knorpeligen Stellen befreien, in mundgerechte Stücke teilen.

Diese einmehlen und in der Butter anbräunen. Den Marsala angießen. Nach und nach die Brühe zufügen und das Bries zugedeckt bei mäßiger Hitze 30 Minuten schmoren. Mit dem Gemüseauflauf servieren.

Kapaunbrust-Salat mit Walnüssen

Spinat-Mohrrüben-Auflauf

MASCARPONE CON SALSA AL SAMBUCO
Mascarpone mit Holundersauce

600 g Mascarpone	
300 g Holunderbeeren	

100 g Zucker	
abgeriebene Schale von 1 Zitrone	

Den Mascarpone in einer Schüssel mit dem Holzlöffel glattrühren. In 6 Schalen verteilen und kalt stellen.

Holunder, Zucker und Zitronenschale bei milder Hitze zugedeckt etwa 30 Minuten kochen, dabei häufig rühren. Durch ein Sieb streichen und erneut erhitzen. Die heiße Sauce über den Mascarpone gießen und das Dessert servieren.

MENÜ FÜR SCHÖNE STUNDEN MIT ALTEN FREUNDEN

MINESTRA DI RISO E FILETTO
Reissuppe mit Rinderfilet

FARAONA ARROSTO
Gebratenes Perlhuhn

INVOLTINI DI VERZA
Kohlrouladen

*BUDINO DI PESCHE
ALLA MENTA*
Pfirsichpudding mit Pfefferminze

D as italienische Wort für Gemüsebeilage lautet *contorno* und leitet sich ab von dem Verb »umgeben«. Denn zumindest zu Hause richtete man beim zweiten Gang das Gemüse um das Fleisch herum an und reichte es nicht, wie heute gang und gäbe, separat. In dem hier vorgestellten Menü bilden Farbe und Form der Kohlrouladen einen reizvollen Kontrast zu dem knusprig braunen Perlhuhn.

Weinempfehlung: Ergänzen Sie das Menü mit einem edlen roten Colle del Calvario, der aus Merlot und Cabernet Sauvignon gekeltert wird.

MINESTRA DI RISO FILETTO
Reissuppe mit Rinderfilet

1,7 l Fleischbrühe (siehe S. 189)
200 g Arborio-Reis
150 g Rinderfilet
1 EL gehackte Petersilie

1,4 l Brühe aufkochen. Den Reis einstreuen und 17 Minuten garen lassen. Inzwischen die restliche Brühe in einem zweiten Topf erhitzen.

Das Fleisch in kleine Würfel schneiden und diese 1 Minute in der Brühe kochen. Abtropfen lassen, zum Reis geben, mit Petersilie bestreuen und servieren.

FARAONA ARROSTO
Gebratenes Perlhuhn

1 Perlhuhn, küchenfertig vorbereitet
1 Zitrone
4 EL/50 g Butter
½ Glas Weißwein
Salz und Pfeffer

Das Perlhuhn mit der ganzen Zitrone füllen. Außen mit der Hälfte der Butter einreiben, salzen und pfeffern. In der Fleischpfanne mit der restlichen Butter 2 Stunden bei 170°C braten und häufig mit dem Fond bestreichen.

Aus dem Ofen nehmen und auf eine vorgewärmte Platte legen. Den Bratensatz mit dem Wein und einigen EL Wasser ablöschen und aufkochen. Das Perlhuhn tranchieren und auf einer Platte anrichten. Mit der Sauce übergießen und mit den Kohlrouladen zu Tisch zu bringen.

INVOLTINI DI VERZA
Kohlrouladen

12 Wirsingkohlblätter
150 g Schweinehack
150 g Rinderhack
150 g Schweinsbratwurst, gehäutet
50 g frische weiche Semmelbrösel, in Wasser eingeweicht und ausgedrückt
1 Ei
100 g geriebener Parmesan
1 Thymianzweig
4 EL/50 g Butter
Salz

Die Kohlblätter 1 Minute in Salzwasser blanchieren. Abtropfen lassen, auf einem Tuch ausbreiten und die Stiele leicht flachdrücken.

Hackfleisch und Wurstbrät, Semmelbrösel, Ei, Parmesan und Thymian vermengen. Auf jedes Kohlblatt in die Mitte etwas von der Mischung geben. Die Seitenränder einschlagen und die Blätter aufrollen. Die Rouladen mit Zahnstochern fixieren.

Die Butter in einer Pfanne zerlassen. Die Rouladen bei milder Hitze etwa 20 Minuten ringsum braten. Dabei ab und zu mit etwas Wasser befeuchten. Mit dem Perlhuhn servieren.

BUDINO DI PESCHE ALLA MENTA
Pfirsichpudding mit Pfefferminze

6 Pfirsiche
12 cl lieblicher Weißwein
20 Pfefferminzblätter
225 g Zucker
2 EL Gelatinepulver
12 cl Sahne

Die Pfirsiche einige Sekunden in kochendes Wasser tauchen und häuten. Halbieren und in feine Scheiben schneiden. Mit Wein, Pfefferminzblättern und Zucker etwa 20 Minuten bei milder Hitze dünsten. Vom Herd nehmen. Die Pfefferminzblätter nach Belieben entfernen und die Pfirsiche mit einer Gabel zerdrücken. Die Gelatine auflösen und gründlich unterziehen. Das Pfirsichmus erkalten lassen.

Die Sahne steif schlagen. Das Pfirsichmus unterziehen und das Ganze in eine ausgespülte Form füllen. Vor dem Servieren mindestens 4 Stunden kalt stellen. Ein nasses heißes Tuch auf die Form legen und den Pudding auf eine Platte stürzen.

Kürbis-Risotto
Gebratenes Perlhuhn

MENÜ FÜR EIN MAILÄNDER ESSEN

❧

RISOTTO CON LA ZUCCA
Kürbis-Risotto

COSTOLETTE IN AGRODOLCE
Kalbskoteletts süß-sauer

PORRI AL BURRO VERSATO
Lauch mit zerlassener Butter

CHARLOTTE DI FRUTTA
Gedeckter Obstkuchen

LIQUORI ALLE ERBE
Hausgemachter Kräuterlikör

Ein gelungener Risotto muß cremig sein. Der Kürbis kommt diesem Anspruch sehr entgegen und verleiht dem Gericht außerdem eine angenehme Süße. Einerseits soll der Risotto auf der Zunge zergehen, andererseits müssen die Reiskörner innen *al dente* bleiben. Arborio ist die einzige Reissorte, die diesem Kriterium gerecht wird. Ideal ist es, wenn am Ende der Garzeit noch etwas Flüssigkeit im Topf verbleibt, die dann vom Parmesan aufgesogen wird. Ein Risotto darf nicht zu trocken sein und muß, wie Pasta, sofort serviert werden.

Weinempfehlung: Ein Barbera oder Pinot Nero aus dem Oltrepò Pavese, dem Gebiet um Pavia, wäre zu diesem Essen ganz ausgezeichnet.

RISOTTO CON LA ZUCCA
Kürbis-Risotto

300 g roher Kürbis, gewürfelt
1 kleine Zwiebel
12 EL/180 g Butter
22 cl Hühnerbrühe (siehe S. 189)
1 Glas trockener Weißwein
500 g Arborio-Reis
1/2 TL gemahlener Safran
100 g geriebener Parmesan
Salz und Pfeffer

Die Kürbiswürfel in Folie einschlagen und etwa 30 Minuten bei 180°C garen. Durchpassieren oder im Mixer pürieren.

Die Zwiebel fein hacken und in einer Pfanne in der Hälfte der Butter anschwitzen. Die Brühe leise sprudelnd aufkochen. Den Reis zur Zwiebel geben und einige Minuten bei mäßiger Hitze unter häufigem Rühren glasig rösten. Den Wein angießen und verkochen lassen. Die Kürbiswürfel und soviel Brühe dazugeben, daß der Reis bedeckt ist. Unter ständigem Rühren 10 Minuten kochen. Immer wieder Brühe nachgießen, so daß der Reis stets bedeckt bleibt. Schließlich den Safran in 1 EL Brühe auflösen und zum Reis geben.

Nach weiteren 5 Minuten den Herd abschalten. Die restliche Butter und den Parmesan unter den Reis rühren. Zugedeckt einige Minuten ziehen lassen und in eine Servierschüssel füllen.

COSTOLETTE IN AGRODOLCE
Kalbskoteletts süß-sauer

2 EL/25 g Rosinen
6 Kalbskoteletts, leicht geklopft
1 Ei, mit etwas Salz leicht verquirlt
200 g getrocknete Semmelbrösel
7 EL/100 g Butter
2 EL Zucker
1 EL Kartoffelmehl (Speisestärke)
je 7 cl Essig, Rotwein und Wasser, vermischt
Salz und Pfeffer

Die Rosinen 30 Minuten in warmem Wasser einweichen und abtropfen lassen. Die Koteletts beidseitig erst im Ei, dann in den Semmelbröseln wenden.

Die Butter in einer schweren, großen Pfanne erhitzen (die Koteletts müssen nebeneinander hineinpassen). Das Fleisch bei mäßiger Hitze goldbraun braten. Auf Küchenkrepp abtropfen und warm stellen. Das Fett aus der Pfanne gießen.

Den Zucker in der Pfanne bei mäßiger Hitze schmelzen. Die Speisestärke dazugeben. Sobald sie Farbe annimmt, die Essigmischung zufügen und rühren, bis die Sauce leicht eindickt.

Die Koteletts wieder nebeneinander hineinlegen. Mit den Rosinen bestreuen, salzen und pfeffern. Zugedeckt bei milder Hitze 5 Minuten durchwärmen. Auf einer Platte anrichten, mit der Sauce übergießen und mit dem Lauch anrichten.

PORRI AL BURRO VERSATO
Lauch mit zerlassener Butter

1,5 kg mittelgroße Lauchstangen
7 EL/100 g Butter
50 g geriebener Parmesan
Salz und Pfeffer

Die Lauchstangen längs einritzen und gründlich waschen. Etwa 10 Minuten in kochendem Salzwasser garen und abtropfen lassen.

Die Butter schmelzen. Die Lauchstangen auf eine Platte legen. Mit dem Parmesan, Salz und Pfeffer bestreuen, mit der Butter übergießen und servieren.

CHARLOTTE DI FRUTTA
Gedeckter Obstkuchen

Für den Mürbeteig:
350 g Mehl
2 Eigelb
125 g Zucker
16 EL/225 g Butter
1 Prise Salz
Für die Füllung:
1 Orange

| 300 g Pflaumen |
| 1 kg Äpfel |
| 225 g Zucker |
| abgeriebene Schale von 1 Zitrone |
| 2 EL Marsala |
| 3 Gewürznelken |
| 1 Vanilleschote |

Aus Mehl, Eigelben, Zucker, Butter und Salz einen Mürbeteig zubereiten (siehe S. 188). Für die Füllung die Orangenschale abreiben und beiseite stellen. Die Orange sorgfältig schälen und in Segmente teilen. Pflaumen und Äpfel schälen und in Stücke schneiden. Die Früchte mit Zucker, Zitronen- und Orangenschale, Marsala, Nelken und Vanilleschote etwa 20 Minuten bei milder Hitze kochen.

Zwei Drittel des Teigs ausrollen. Eine gebutterte und leicht eingemehlte Springform damit auskleiden. Die Früchte hineingeben. Den restlichen Teig dünn ausrollen und über die Früchte breiten. Den Kuchen 45 Minuten im vorgeheizten Ofen bei 180°C backen. Leicht auskühlen lassen und aus der Form nehmen. Zimmerwarm servieren.

LIQUORI ALLE ERBE
Hausgemachter Kräuterlikör

| 225 g Zucker |
| 22 cl Grappa (95 % Vol.) |
| 40 Zitronenkraut- oder Salbeiblätter oder 30 Pfefferminzblätter oder die Schalen von 3 Orangen |

Zucker und Grappa mit den Blättern bzw. Schalen in eine Flasche füllen. Zukorken und schütteln. 20 Tage im Schrank ruhen lassen und zweimal täglich kräftig schütteln. Den Likör durch einen Papierfilter in eine saubere Flasche abfüllen.

Gedeckter Obstkuchen

VENETIEN

VILLA MARCELLO IN LEVADA

Eßkultur in der venezianischen Villa von
Graf Vettor Marcello und Gräfin Carlotta

E s gibt Villen. Und es gibt die Villen Venetiens, die alle anderen in den Schatten stellen. Diese herrlichen Landsitze und die Kultur, die sie verkörpern, gehören einer ganz anderen Welt an. Sie entstanden während der beiden Blütezeiten der Republik Venedig. In der ersten Periode, der Hochrenaissance, errichtete Palladio Bauwerke im klassizistischen Stil. Während der zweiten Hochblüte im Ba-

rock und Rokoko wurden die Villen großzügig erweitert und ausgeschmückt — Giovanni Battista Tiepolo und sein Sohn Domenico hinterließen in den großen Räumlichkeiten herrliche Fresken — und Gärten im Stil von Versailles angelegt.

Zum Standort ihrer Villen wählten die begüterten Patrizierfamilien die *terra ferma,* wie die Venezianer noch heute das ihren schwankenden Inseln vorgelagerte Fest-

Giorgiones Geburtsort Castelfranco, unweit von der Villa Marcello entfernt gelegen.
Oben: Detailaufnahme der herrlichen Decke des Ballsaales

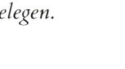

land bezeichnen, und suchten die Nähe der Flüsse, die, von den Alpen kommend, die fruchtbare Ebene in Richtung Adria durchströmen. So konnten sie jederzeit mit dem Boot der drangvollen Enge ihrer Stadt entfliehen. Die Boote selbst waren eher elegante schwimmende Salons, in denen man sich die Zeit mit Kartenspielen vertrieb und sich an Leckerbissen delektierte. Nach kurzer Fahrt am Ziel angelangt, fand man den Freiraum, den die Stadt nicht gewährte, konnte man jagen, reiten und auf dem Gut nach dem Rechten sehen. Denn ursprünglich waren diese Villen als Landgut angelegt, und selbst als sie im 18. Jahrhundert zu Stätten der Muße und Erbauung wurden, ging in vielen der landwirtschaftliche Betrieb weiter.

Wie aus Literatur und Malerei jener Epoche hervorgeht, waren die Tage auf diesen Landsitzen ausgefüllt mit frivolen Amüsements, mit Spielen, opulenten Essen und, natürlich, Amouren. (Zweifellos gehörte Casanova zu den häufigen Besuchern dieser Gegend.) So verlief das Leben nahezu unverändert bis in die Mitte des 19. Jahrhunderts, als diese herrschaftlichen Häuser zum Großteil verlassen wurden, die Fassaden allmählich verwitterten und die Gärten verwilderten.

Eine der schönsten, Villa Marcello in Levada, überstand nicht nur unbeschadet die Jahrhunderte, sondern erlebt nun eine dritte Hochblüte. Sie ist im Besitz der Familie Marcello, einer der ältesten Italiens, die sie im 16. Jahrhundert als Landgut erbaute und im 18. Jahrhundert weitgehend umgestaltete.

Vettor Marcello ist der derzeitige Besitzer der Villa. Als er sie vor etwa zehn Jahren von seinem Onkel erbte, faßte er mit seiner Frau Carlotta den Entschluß, mit den beiden kleinen Söhnen dort einzuziehen. So romantisch es auch scheinen mag, in einer historischen Villa zu leben, bedurfte diese Entscheidung doch großen Mutes. Denn alte Häuser — dies weiß ich selbst nur zu genau — haben ein Eigenleben und verlangen ihren Bewohnern sehr viel Einsatz und Opferbereitschaft ab. Doch besitzen Vettor und Carlotta viel jugendlichen Elan und wissen ihre Energie und Talente mit Geschick einzusetzen.

Vettor begann, Produktion und Marketing des sechshundert Morgen großen Gutes zu modernisieren. Neben den etwa zwölftausend Flaschen erlesenen Weins, den er aus mehreren Rebsorten — Chardonnay, Pinot grigio, Cabernet und Raboso — keltert, produziert er Tabak, Getreide, Sojabohnen, Zwiebeln und Pfirsiche. Neueste Errungenschaft ist ein hochmodernes Gewächshaus, in dem er einige tausend Zimmerpflanzen zieht.

Carlotta widmete sich der Renovierung der Villa. Dabei nahm sie selbst die Schere in die Hand, um neue Damastvorhänge für den Salon zu nähen, und schrubbte ebenso selbstverständlich die herrlichen Marmortreppen. Bei meinem ersten Besuch in der Villa kümmerte sie sich gerade um die Maulwurfshügel auf dem makellosen Rasen. Als ich sie später fragte, wie viele Bedienstete mit der Pflege des weitläufigen Gartens beschäftigt seien, brach sie in herzhaftes Lachen aus.

Ihre Mühe hat sich gelohnt. Das erste, was der Besucher durch das schmiedeeiserne Eingangstor erblickt, ist ein großer symmetrisch angelegter Garten mit einem zentralen Brunnen, hinter dem sich die strahlend weiße, von Palladio inspirierte Fassade erhebt, auf beiden Seiten flankiert von einer langen, anmutigen Kolonnade, der sogenannten *barchessa*. Das Innere der Villa ist durchdrungen von den Farben Venedigs, die Möbel und Dekorationen aus dem 18. Jahrhundert sind eine ständige Augenweide. Im ersten Geschoß befindet sich ein wunderschöner Ballsaal. Die Fresken an den Decken und Wänden stammen von Giovanni Battista Crosato, der zu Lebzeiten ebensolches Ansehen genoß wie sein Zeitgenosse Tiepolo. Noch außergewöhnlicher, wenngleich weniger prachtvoll, sind die Stuckarbeiten, die Szenen des

Villa Marcello

*Eine Teekanne aus dem für seine Keramik
berühmten Bassano*

ländlichen Lebens zeigen und die Wände der Schlafzimmer im Obergeschoß schmücken. Sie sind in ihrer Art einmalig, und Carlotta hofft, eines Tages die Zeit zu haben, darüber zu forschen und zu schreiben.

Im Wohnraum über dem Flügel, an dem Sohn Jacopo übt, fällt ein Portrait des berühmten Barockkomponisten und -musikers Benedetto Marcello auf, eines Vorfahren, der eben jene Musik schrieb, die man sich so gut in diesem Haus mit seinem harmonischen Äußeren und dem chromatischen Spiel der Farben im Inneren vorstellen könnte. Tatsächlich war Kammermusik ein wichtiger Bestandteil des kulturellen Lebens dieser venezianischen Villen, und so ist auch Vettor und Carlotta im Rahmen der allumfassenden Renaissance, die sie hier eingeleitet haben, am Wiederaufleben dieser musikalischen Tradition gelegen. Zum Einweihungskonzert luden sie die Solisti Veneti, die Werke von Vivaldi spielten.

Danach gaben sie unter den Arkaden ein Essen bei Kerzenschein. Carlotta wacht nicht nur über das Geschehen in der Küche, sondern kocht für kleine Gesellschaften sogar selbst. Ihre Menüs komponiert sie aus den klassischen Gerichten Venetiens. Glücklicherweise liegt die Villa Marcello in der Provinz Treviso, die in der ganzen Region für ihre exzellente Küche gerühmt wird. Als »Garten Venedigs« begründete sie ihren gastronomischen Ruhm in jenen Zeiten, als die Dogen im hiesigen angenehmen Klima den Sommer verbrachten. Die Küche Venetiens ist jedoch nicht jene aufwendig-verschwenderische, die man mit Venedig assoziiert. Schließlich suchten die Venezianer nicht zuletzt das Land auf, um sich hier von den Extravaganzen dieser exotischen Stadt zu erholen. So bereitete man selbst in den vornehmsten Häusern einfache ländliche Gerichte — natürlich in höchster Vollendung.

Das Grundgericht Venetiens ist der Reis. In keiner anderen Region Italiens wird so viel Reis gegessen. Man sagt sogar, daß alles, was da kreucht und fleucht, früher oder später schon einmal in einem Reisgericht gelandet ist. Zunächst wären die wunderbaren Suppen zu erwähnen, in denen Reis mit jedem erdenklichen Gemüse kombiniert wird, mit Spargelspitzen, Sellerie, Lauch, Kohl, Salat, Fenchel, Zucchini, Kartoffeln, Kürbis, Rosinen und sogar Hopfen. Eines der berühmtesten Reisgerichte, das oft auf dem Speiseplan der Villa Marcello steht, ist Risibisi, Reis und Erbsen. Sie mögen sich fragen, was denn daran so Besonderes ist. Bei richtiger Zubereitung entsteht aus diesen beiden bescheidenen Zutaten ein wahrer Hochgenuß. Voraussetzung sind sehr zarte Erbsen, die, wie jeder Gastronom Venetiens verlangt, erst am Morgen auf den Feldern der Lagune geerntet werden. Manch altes Rezept sieht vor, nach dem Palen die Schoten separat zu kochen, um damit das Wasser für den Reis zu würzen. Die Erbsen werden kurz mit *pancetta,* also Bauchspeck, Zwiebel und Petersilie gedünstet; der Reis

wird in Brühe gegart und schließlich wird beides unter Zugabe von Butter und Parmesan vermischt. In seiner dickflüssigen Konsistenz ist das Gericht zwischen einer Reissuppe und einem Risotto anzusiedeln. Generell bevorzugt man in Venetien den Risotto etwas flüssiger als in den anderen Regionen Norditaliens. *»Deve aver l'onda«* — er muß Wellen bilden, sagen die Veneter, was durchaus verständlich ist für ein Volk, das den Risotto so häufig mit Fisch zubereitet. Ich halte die Kombination von Risotto und Meeresfrüchten, insbesondere Schal- und Krustentieren, für eine der gelungensten der italienischen Küche. Venetien hat diesbezüglich besonders viel zu bieten: Risotto mit Scampi, Miesmuscheln, Jakobsmuscheln, Aal, Zackenbarsch, Forelle und natürlich Tintenfisch, der für den berühmten *risotto nero* samt Tintenbeutel mitgekocht wird. Carlotta hat in ihrem Repertoire ein Rezept für Risotto mit Shrimps und Sellerie, eine weitere äußerst schmackhafte Komposition.

Viel Lob erntet sie auch mit ihrem Risotto-Ring, einer Variante des in der italienischen Familienküche so beliebten Reisrands. Dieses Gericht besticht durch

Rosenberankte Statuen im Garten

Blick vom Balkon des Ballsaales in den rückwärtigen Garten der Villa Marcello

tet, doch bereitet man sie dort aus einem groben gelben Maisgrieß zu, während man hier das weiße Maismehl aus dem benachbarten Friaul verwendet, das der Polenta mehr Feinheit in Aussehen und Geschmack verleiht. Mit Polenta lassen sich auch elegantere Gerichte zubereiten, so beispielsweise ein *pasticcio di polenta* (Polentaauflauf), bei dem dünne Polentascheiben sich mit Lagen von Wildtaube, Käse, Schinken und Pilzen abwechseln. Dieser Auflauf ist die traditionelle Beilage zu einem der größten klassischen Gerichte der Venezianischen Küche *fegato alla veneziana*. Hierbei werden möglichst dünne Scheiben zarter Kalbsleber auf beiden Seiten nur eine Minute gebraten und mit goldgelb gedünsteten Zwiebelscheiben serviert. Bei einer weiteren klassischen Zubereitung wird kleines Federwild auf dem Spieß in der Pfanne gebraten, auf Polenta angerichtet und zuletzt mit dem Bratensatz übergossen. Bei meinem ersten Mittagessen in der Villa Marcello gab es Polenta mit Wachteln, die Carlotta mit Wacholderbeeren gefüllt, mit Speck umwickelt und in Butter gebraten hatte. Auf einzelne Teller hatte sie jeweils eine Portion geschmeidiger weißer Polenta gegeben, eine Scheibe Toast daraufgelegt und eine Wachtel obenauf gesetzt.

Eine weitere überlieferte Spezialität Venetiens, die oft in Kombination mit Polenta auftritt, ist *baccalà* (Klippfisch). In dieser Gegend mit ihren fischreichen Gewässern überrascht dies nicht minder als in Ligurien. Doch hier wie dort stellte Klippfisch einst für die Menschen im Landesinneren eine wichtige Nahrungsquelle dar. In Italien wird *baccalà* oft für beide Arten von getrocknetem Kabeljau verwendet, für den gesalzenen Klippfisch ebenso wie für den ungesalzenen und luftgetrockneten Stockfisch, der genau genommen *stoccafisso* heißt. Und so verlangt das berühmte Rezept aus der Provinz Vicenza namens *baccalà alla vicentina* Stockfisch. Dieser wird zunächst einige Tage gewässert. Anschließend brät man ihn mit Zwiebel, Petersilie

seinen vollen Geschmack — der Reis nimmt beim Garen das ganze Aroma der Brühe und übrigen Zutaten auf — und erweist sich überdies bei einem größeren Essen oder einer Vielzahl von Gästen als vorteilhaft, da es frühzeitig vorbereitet werden kann.

Ein Krustentier der Lagune Venedigs, *granceola,* ist eine so seltene Delikatesse, daß ich sie nicht einmal mit Risotto kombinieren würde. Ihren langen Beinen verdankt diese nordadriatische Krabbe ihren

Namen: Seespinne. An ihr Fleisch kommt man nicht so einfach heran, doch ist die Belohnung köstlich. Carlotta servierte Seespinne einmal bei einem Wohltätigkeitsbüfett, zu dem sie auch mich einlud. Sie mischte das saftige Fleisch einfach mit Orangenschale, Zitronensaft, Petersilie, Olivenöl und Pfeffer und richtete es in den gesäuberten oberen Schalenhälften an.

Polenta ist ein weiteres Grundgericht der Küche Venetiens. Auch im Piemont und in der Lombardei ist sie sehr verbrei-

und einigen Sardellenfilets an und gart ihn schließlich vier bis fünf Stunden langsam in Milch. Als eine kleine Gruppe anspruchsvoller amerikanischer Geschäftsleute mit ihren Ehefrauen in der Villa Marcello zu einem Mittagessen erwartet wurden, zermarterte Carlotta sich das Gehirn darüber, was sie ihren Gästen Neues bieten könne. Schließlich entschied sie sich für *baccalà,* mit Lauch in Weißwein gedünstet — ein, wie ich finde, brillantes Beispiel dafür, wie einfache Zutaten zur Perfektion verfeinert werden.

Die Veneter sind besonders stolz auf die Erzeugnisse aus ihren Gemüsegärten, und dies mit gutem Grund. Selbst in Venedig, wo man dies vielleicht nicht erwarten sollte, bereitet man Salate aus verschiedensten erntefrischen Gemüsen von den Feldern des Po-Delta zu. Aus Bassano im Norden der Region kommt zarter weißer Spargel und aus Lamon in der Nähe von Belluno eine schmackhafte weiße Bohnenart. Diese spielt, frisch oder getrocknet, eine wichti-

Bassano del Grappa

In Asolo, das berühmt ist für sein im Juni stattfindendes Kirschfest, werden die herrlichsten Obsttorten gebacken

ge Rolle in einem berühmten lokalen Gericht namens *pasta e fasoei,* einer dicken Suppe aus Bohnen und getrockneter Pasta. Carlotta nutzt das vielfältige Angebot auf den Märkten von Treviso und zaubert daraus farbenfrohe, unkomplizierte Gerichte, so z.B. eine Platte mit frischem Gemüse, das sie mit einer verfeinerten Vinaigrette anmacht.

Das erlesenste — und zugleich seltenste — Gemüse von Treviso ist der vielgerühmte Radicchio, der von den Einheimischen als *fiore che si mangia,* als eßbare Blüte bezeichnet und nur ein paar Wochen, meist ab Anfang Dezember, angeboten wird. Der Vergleich mit einer Blüte wird verständlich angesichts der langen weißen Stiele, die mit lanzettförmigen rot-weiß marmorierten Blättern besetzt sind. Radicchio ist knackig, aromatisch und schmeckt angenehm bitter. In Treviso wird er meist knusprig gegrillt, doch schmeckt

er auch als Salat ausgezeichnet, wobei man ihn mit anderen rohen Gemüsen, wie Fenchel, mischen kann. Carlotta schmort ihn zuweilen mit Olivenöl und Wein im Ofen.

Ein weiteres in Venetien sehr beliebtes Wintergemüse ist *zucca gialla,* gelber Kürbis. Mit seiner rauhen gelbgrünen Schale wirkt er zunächst nicht sehr ansprechend, doch ist das süße Fruchtfleisch äußerst schmackhaft. Er wird in Chioggia angebaut, einem Fischerstädtchen in der südlichen Lagune, das zugleich als »Gewächshaus« für die Region dient. Hier werden Kürbisscheiben in Olivenöl schwimmend ausgebacken, mit kochendheißem Essig übergossen und vor dem Verzehr einige Stunden mariniert. Ich erinnere mich, wie wir in meiner Kindheit an der Grenze zur Lombardei eine Landpartie machten und unterwegs an der Straße anhielten, um einen kleinen Imbiß aus gebackenen und mit Zucker bestreuten Kürbisscheiben zu uns zu nehmen. In Mantua dagegen füllt man mit diesem Gemüse Tortellini. Am häufigsten wird Kürbis wohl süß verarbeitet — mit Rosinen in Form von Beignets, als Kuchen oder für Konserven. Zum Dessert eines Diners nach einem höchst denkwürdigen Kammerkonzert in der Villa Marcello bereitete Carlotta einen cremigen Kürbispudding, den sie mit Eiern, Amaretti und Muskatnuß verfeinerte.

Besonders typisch für die vornehme Küche Venetiens sind *coppette.* Dies sind Fruchtzubereitungen, Eiscremes und Puddings, die in hübschen Kristallkelchen serviert werden. Carlotta verriet mir zwei solcher Rezepte, die ausgesprochen raffiniert sind. Bei dem einen wird aus Trauben, Quitten und Zitronen ein Gelee bereitet und dieses mit Schlagsahne verziert, das andere ist eine mit Erdbeerpüree aromatisierte *zabaglione* (Weinschaum).

Vermutlich wurde *zabaglione* hier (und nicht, wie gemeinhin angenommen, in Sizilien) geboren, als ein begnadeter Koch den klassischen Weinschaum mit Marsala parfümierte, den die venezianische Flotte aus Sizilien mitgebracht hatte. Wo immer die Idee herstammt — in diesem Dessert aus Weinschaum, süßen Erdbeeren und Sahne verschmelzen Aromen aus dem Norden und Süden des Landes zu einem einzigartigen Genuß.

Abendstimmung im Valle di Brenta bei Chioggia

MENÜ FÜR
MR. ROCKEFELLER

❧

RISOTTO IN FORMA
Risotto-Ring

BACCALÀ CON I PORRI
Klippfisch mit Lauch

RADICCHIO AL FORNO
Gebackener Radicchio

CREMA CON LE FRAGOLE
Weinschaum mit Erdbeeren

Kabeljau und Lauch passen ausgezeichnet zueinander. Verwenden Sie das Filet, das besonders fleischig ist. Ein Risotto sollte eher dickflüssig bleiben. Dies gilt auch hier, wobei er jedoch gleichzeitig trocken genug sein muß, um nach dem Stürzen in Form zu bleiben.

Wer nicht in der Gegend von Treviso lebt, muß sich wahrscheinlich mit dem normalen Radicchio begnügen. Radicchio läßt sich auch gut schmoren oder grillen, doch nimmt die hier beschriebene Art der Zubereitung ihm seine Bitterkeit.

Das klassische venezianische Rezept für Zabaglione sieht wilde Erdbeeren vor. Wenn Sie diese nicht bekommen, nehmen Sie Zuchterdbeeren mit möglichst intensivem Aroma.

Weinempfehlung: Ein Menü für Weißweine aus Venetien: einen leichten, fruchtigen Tocai aus dem Friaul zum Risotto, einen volleren Pinot bianco aus Breganze zum Fisch und einen süßen Recioto di Soave zum Dessert.

Risotto-Ring

RISOTTO IN FORMA
Risotto-Ring

1 grüne Tomate
1,5 l Hühnerbrühe (siehe S. 189)
1 kleine Zwiebel
2 weiße Stangen Bleichsellerie
2 Mohrrüben
7 EL/100 g Butter
600 g Arborio-Reis
1 Glas Weißwein
100 g geriebener Parmesan
8 Zucchiniblüten zum Dekorieren

Die Tomate einige Sekunden in kochendes Wasser tauchen, häuten und würfeln. Die Brühe erhitzen, so daß sie leise köchelt. Die Zwiebel fein hacken, Sellerie und Mohrrüben feinstreifig schneiden.

Die Zwiebel in der Hälfte der Butter bei milder Hitze glasig schwitzen. Den Reis einstreuen und unter Rühren einige Minuten ziehen lassen. Den Wein angießen und verdampfen lassen.

Das restliche Gemüse mit so viel heißer Brühe zufügen, daß der Reis bedeckt ist. Bei mäßiger Hitze unter ständigem Rühren weiter garen und dabei nach Bedarf Brühe nachgießen, damit der Reis immer bedeckt ist. Etwa 15 Minuten garen und gegen Ende trocken werden lassen. Die restliche Butter und den Parmesan unterziehen.

Den Risotto in eine gebutterte Ringform füllen und fest zusammendrücken. Im vorgeheizten Ofen 5 Minuten bei 190°C backen. Auf eine Platte stürzen, mit den Zucchiniblüten dekorieren und servieren.

BACCALÀ CON I PORRI
Klippfisch mit Lauch

600 g Klippfisch
2 EL Mehl
6 Lauchstangen
50 g Butter
4 EL Olivenöl »extra vergine«
1 Glas trockener Weißwein
½ l Milch
Salz und Pfeffer

Den Fisch zum Entsalzen zwei Tage in kaltes Wasser legen und dieses häufig wechseln. Abtropfen lassen und gründlich trockentupfen. In mundgerechte Stücke teilen und einmehlen.

Den Lauch von gelben Blättern und dunkelgrünen Spitzen befreien. In kaltem Wasser waschen und in feine Scheiben schneiden. Diese mit dem Fisch, der Butter und dem Öl in eine große, flache ofenfeste Kasserolle geben. Bei niedriger Temperatur erhitzen, bis der Lauch glasig wird. Den Wein angießen und verdampfen lassen. Milch, Salz und Pfeffer dazugeben. Das Gericht im Ofen bei 180°C etwa 2 Stunden garen. Auf einer Platte anrichten und servieren.

RADICCHIO AL FORNO
Gebackener Radicchio

6 Köpfe Radicchio
2 EL Olivenöl »extra vergine«
2 EL Weißwein
Salz und Pfeffer

Den Radicchio von welken Blättern befreien und die Köpfe längs halbieren.

Eine ofenfeste Form leicht einölen. Die Radicchiohälften nebeneinander hineinlegen. Salzen und pfeffern, das restliche Öl und den Wein zufügen. Etwa 20 Minuten bei 180°C backen. Auf einer Platte anrichten und servieren.

CREMA CON LE FRAGOLE
Weinschaum mit Erdbeeren

6 Eigelb
240 g Zucker
22 cl trockener Marsala
2 EL Gelatinepulver
22 cl Sahne
3 EL Puderzucker
600 g Erdbeeren
2 EL Zitronensaft
½ Glas Weißwein

Die Eigelbe mit 180 g Zucker cremig schlagen. Den Marsala zufügen. Die Mischung im Wasserbad bei mäßiger Hitze unter ständigem Rühren erwärmen, bis sie eindickt. Die in 2 EL Wasser aufgelöste Gelatine einrühren. Den Weinschaum völlig erkalten lassen.

Die Sahne mit dem Puderzucker steif schlagen. Unter den Weinschaum ziehen. Etwa 100 g Erdbeeren passieren oder im Mixer pürieren. Die übrigen Früchte in einer Schüssel mit dem restlichen Zucker, dem Zitronensaft und dem Weißwein ziehen lassen.

Den Weinschaum in eine Schale füllen. Mit dem Püree übergießen und mindestens 3 Stunden kalt stellen. Mit den ganzen Erdbeeren servieren.

Weinschaum mit Erdbeeren

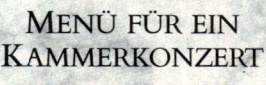

MENÜ FÜR EIN KAMMERKONZERT

GIARDINIERA DI VERDURE
Große Gemüseplatte

QUAGLIE SU CROSTONE E POLENTA
Wachtel auf Toast und Polenta

BUDINO DI ZUCCA
Kürbispudding

Dieses Menü bietet sich an für ein Essen mit vielen Gästen. Die Gemüseplatte ist schnell zubereitet, dekorativ und ohne weiteres auf die jeweilige Jahreszeit abzustimmen. Auch die Wachteln sind unkompliziert. Für einen so festlichen Anlaß eignet sich die aus weißem Maismehl zubereitete Polenta eher als die aus grobem gelbem Maisgrieß, wie sie für die Lombardei typisch ist. Der Kürbis für den Pudding sollte sehr aromatisch sein.

Weinempfehlung: Reichen Sie einen leichten Bardolino chiaretto (Rosé) zur Vorspeise, dann einen eleganten Raboso zur Wachtel und als Dessertwein einen Recioto della Valpolicella.

GIARDINIERA DI VERDURE
Große Gemüseplatte

1 rote Rübe
200 g grüne Bohnen
6 reife Tomaten
1 Mohrrübe
2 sehr frische Zucchini
1 Zwiebel
1 Salatgurke
1 Eigelb
1 Prise Senfpulver
1 EL Rotweinessig
Salz und Pfeffer

4 EL Olivenöl »extra vergine«
einige Petersilienstengel
etwas Brunnenkresse

Die rote Rübe in leicht gesalzenem Wasser kochen, bis sie zart ist. Die Bohnen in kochendem Salzwasser etwa 10 Minuten garen. Das Gemüse abseihen und kalt abbrausen.

Tomaten würfeln, Mohrrübe und Zucchini in Stifte schneiden. Bohnen in Stückchen schneiden. Zwiebel und rote Rübe schälen und zusammen mit der Gurke in feine Scheiben schneiden. Das Eigelb mit Salz, Senfpulver und Essig verquirlen. Pfeffer und Olivenöl unterrühren.

Das Gemüse in farblich kontrastierender Reihenfolge auf einer großen Platte anordnen, mit dem Dressing übergießen und servieren.

QUAGLIE SU CROSTONE E POLENTA
Wachtel auf Toast und Polenta

375 g feines weißes Maismehl (Polenta)
1,5 l Wasser
1 EL Wacholderbeeren
6 Wachteln
6 dünne Scheiben Bauchspeck
6 dicke Scheiben italienisches Weißbrot
4 EL/50 g Butter
½ Glas Weißwein
Salz und Pfeffer

Das Maismehl in kochendes Salzwasser einstreuen und kräftig mit dem Schneebesen schlagen, damit es nicht klumpt. Etwa 40 Minuten kochen und dabei gelegentlich mit dem Holzlöffel rühren. Die Wacholderbeeren fein hacken. Die Wachteln damit füllen, salzen und pfeffern.

Die Wachteln jeweils in eine Speckscheibe einwickeln. In einer ofenfesten Kasserolle mit der Hälfte der Butter bei mäßiger Hitze etwa 30 Minuten garen lassen. Ab und zu behutsam wenden. Nach 20 Minuten den Weißwein angießen und den Garvorgang zugedeckt vollenden. Die Wachteln auswickeln und warm stellen.

Wachtel auf Toast und Polenta

Große Gemüseplatte

Die Brotscheiben mit der restlichen Butter bestreichen und im vorgeheizten Ofen bei 180°C goldbraun rösten. Die Polenta auf 6 Tellern verteilen und glattstreichen. Jeweils einen Toast darauflegen und eine halbierte Wachtel daraufsetzen. Heiß servieren.

BUDINO DI ZUCCA
Kürbispudding

600 g Kürbisfleisch ohne Schale und Kerne

4 Eier, getrennt
5 EL Zucker
100 g Mehl
1 TL Backpulver
22 cl Milch
6 Amaretti
1 Prise geriebene Muskatnuß

Das Kürbisfleisch im Ofen bei 180°C garen, bis es weich ist. In einer großen Schüssel die Eigelbe mit dem Zucker verquirlen. Das Mehl sieben. Nach und nach mit dem Backpulver und der Milch zum Eischaum geben. Dabei dürfen sich keine Klumpen bilden. Den Kürbis durch ein Sieb passieren und untermischen. Die Amaretti pulverisieren und mit der Muskatnuß unter die Puddingmasse ziehen. Die Eiweiße steif schlagen und behutsam unterheben.

Eine Form buttern und einmehlen. Die Masse hineingießen und bei 180°C etwa 1 Stunde backen, bis ein Zahnstocher, in die Mitte hineingestochen, sauber herauskommt. Den Pudding auf eine Platte stürzen und sofort auftragen.

MENÜ FÜR EIN GARTENBÜFETT

❧

GRANCEOLA ALLA SCORZA D'ARANCIA
Seespinne mit Orange

PASTICCIO DI FEGATO D'OCA ALLA VENEZIANA
Gänseleberpastete auf venezianische Art

INSALATA DI PISELLI
Salat von frischen Erbsen

COPPETTE DI UVA FRAGOLA
Traubengelee

Die erste Hälfte des Menüs erfordert viel Arbeit, die Sie jedoch schon sehr frühzeitig erledigen können, denn die Gerichte werden kalt serviert. *Granceola* (Seespinne) findet sich in Italien nur in der Lagune und gilt als ausgesprochene Delikatesse. Ersatzweise können Sie jedes größere Krustentier verwenden. Hausgemachte Pasteten sind seit jeher Glanzpunkte der *cucina alto-borghese.* Ich habe versucht, die Zubereitung so einfach wie möglich zu halten, so daß Sie auch bei anderen Gelegenheiten gerne auf dieses Rezept zurückgreifen werden. Obwohl frische Erbsen eigentlich durch nichts zu ersetzen sind, bieten gefrorene extra feine Erbsen doch eine akzeptable Alternative. *Uva fragola* (Erdbeertrauben) wurden aus einer amerikanischen Traubenart gezüchtet, schmücken so manche Pergola Venetiens und werden häufig zur Herstellung von hausgemachtem Wein verwendet. Ersatzweise tut es jede süße, duftende Tafeltraube.

Weinempfehlung: Ein Prosecco di Conegliano *abboccato* (lieblich) wird Ihren Gästen zum gesamten Büfett hervorragend munden.

GRANCEOLA ALLA SCORZA D'ARANCIA
Seespinne mit Orange

6 große frische Seespinnen
1 Orange
Saft von 1 Zitrone
Salz und Pfeffer
6 EL Olivenöl »extra vergine«
1 Bund Petersilie, gehackt

Die Seespinnen in sprudelndes Salzwasser gleiten lassen und etwa 30 Minuten kochen.

Die Schalen aufbrechen. Das Fleisch behutsam auslösen. Die oberen Schalenhälften säubern. Beine und Scheren aufbrechen und das Fleisch auslösen. Die »Butter« (gelbe, aus Fett und Organen bestehende Masse) herauslöffeln und für eine andere Zubereitung verwerten.

Die Orangenschale abreiben, den Saft auspressen. Zitronensaft, Salz, Pfeffer, Öl, Orangenschale und -saft vermischen und

Seespinne mit Orange

71

mit dem Fleisch vermengen. Die gesäuberten Schalen damit füllen, mit Petersilie bestreuen und servieren.

PASTICCIO DI FEGATO D'OCA ALLA VENEZIANA
Gänseleberpastete auf venezianische Art

Für das Gelee:
1 kg mageres Rindfleisch
1 Schweinsfuß
300 g Kalbskopf
1 Mohrrübe
1 Stange Bleichsellerie
1 Lorbeerblatt
1 Bund Petersilie
1 Hühnerbrust, grob gehackt
1 EL Mandelöl
Für die Pastete:
450 g Zwiebeln
300 g Butter
450 g Gänseleber, in dünne Scheiben geschnitten
Salz und Pfeffer
2 EL Marsala
2 EL Weinbrand
2 Eigelb
1 schwarze Trüffel, in Scheiben geschnitten

Für das Gelee Rindfleisch, Schweinsfuß, Kalbskopf, Mohrrübe, Sellerie, Lorbeer und

Petersilie in 2,5 l Wasser etwa 4 Stunden bei milder Hitze kochen.

Die Brühe durchseihen und erkalten lassen. Das Fett abschöpfen. Die Brühe mit der Hühnerbrust weitere 1¼ Stunden kochen, bis sie sich klärt; dabei gelegentlich abschäumen.

Die Hälfte der Brühe in eine weite, flache Schale gießen. Kalt stellen, bis sie erstarrt, und fein würfeln. Eine Pastetenform mit Mandelöl einfetten. Etwas von der restlichen Brühe hineingießen und schwenken, so daß sie sich gleichmäßig und dünn verteilt. Die Form kalt stellen.

Die Zwiebeln in Scheiben schneiden. In der Hälfte der Butter bei milder Hitze unter Rühren glasig werden lassen. Die Leber einige Minuten bei starker Hitze braten, wobei sie einen blutigen Kern behalten muß.

Die Leber weitgehend abtropfen lassen. Mit Salz, Pfeffer, Marsala, Weinbrand und der restlichen (weichen und zerkleinerten) Butter im Mixer zu einer dicken Creme verrühren. Diese in eine gekühlte Schüssel füllen, die ihrerseits in einer größeren, mit Eis ausgelegten Schüssel steht. Die Eigelbe mit dem Schneebesen einrühren, bis die Masse eindickt. In die vorbereitete Form füllen, glattstreichen und mit der restlichen Brühe übergießen. Die Pastete mindestens 3 Stunden kalt stellen.

Auf eine Platte stürzen, mit dem gehackten Gelee umlegen, mit Trüffelscheiben garnieren und servieren.

INSALATA DI PISELLI
Salat von frischen Erbsen

600 g Erbsen ohne Schoten
6 EL Olivenöl »extra vergine«
Salz
1 Handvoll ganze Mandeln
1 EL gehackte frische Petersilie
1 EL gehackter frischer Estragon

Die Erbsen 5 Minuten in kochendem Salzwasser garen. Abtropfen lassen. In einer Salatschüssel mit dem Öl und Salz vermischen. Die Mandeln grob hacken.

Die erkalteten Erbsen mit den Kräutern und Mandeln bestreuen und servieren.

COPPETTE DI UVA FRAGOLA
Traubengelee

1,5 kg süße blaue Tafeltrauben
2 Quitten
5 cl Rotwein
1 Zitrone
300 g Zucker
22 cl Sahne

Einige Trauben für die Garnierung beiseite legen, die übrigen auspressen oder passieren. Es müssen sich 30 cl Saft ergeben.

Die Quitten ungeschält in Spalten schneiden. Mit dem Wein, der abgeriebenen Zitronenschale und dem Zitronenfruchtfleisch zugedeckt etwa 1 Stunde bei milder Hitze musig kochen. Das Mus in ein Tuch geben, abtropfen lassen und ausdrücken. Traubensaft und Zucker zum Quittensaft geben. Bei niedriger Temperatur etwa 30 Minuten kochen lassen. Dabei immer wieder abschäumen, bis sich die Flüssigkeit klärt.

Gegen Ende der angegebenen Kochzeit einen Klecks auf einen Teller geben. Erstarrt er beinahe sofort, den Saft in 6 Kristallkelche füllen. Erkalten lassen. Die Desserts mit der steifgeschlagenen Sahne und den restlichen Trauben dekorieren.

Gänseleberpastete auf venezianische Art

EMILIA-ROMAGNA

PALAZZO BOSDARI IN BOLOGNA

Erquickendes für Körper und Geist im Haus von
Graf Giuseppe Gazzoni Frascara und Gräfin Grazia

Die — vielleicht — noch immer angemessenste Haltung bei einem gastronomischen Besuch in Bologna empfahl vor einhundert Jahren der ehrwürdige Pellegrino Artusi in seinem Kochbuch-Klassiker *La scienza in cucina e l'arte di mangiar bene* (Von der Wissenschaft des Kochens und der Kunst des Genießens). Er vertrat die Ansicht, allein schon die Erwähnung der Bologneser Küche »verdiene einen Kniefall«

und stellte fest, daß diese zwar eine reichhaltige, nichtsdestoweniger aber gesunde sei, da so viele Bologneser ein stattliches Alter erreichten. Diese bewährte Kombination aus gutem Essen und Wohlergehen sowie sein Status als Hauptstadt der Emilia-Romagna, der fruchtbarsten Region Italiens, trug Bologna schon Jahrhunderte vor Artusi den Titel *la Grassa* — die Fette — ein.
    Der Via Aemilia, jener alten römischen

Bologna vom Torre degli Asinelli aus gesehen, der Anfang des 12. Jahrhunderts errichtet wurde.
Oben: Der Salon des Palazzo Bosdari mit Blick auf den kleinen rückwärtigen Garten

gelegenen Enza-Tal, dessen saftige Weiden der Kuhmilch eine außergewöhnliche Qualität verleihen. Für die Parmesanherstellung wird die Milch entfettet und dickgelegt, dann trennt man die Molke ab, formt die Käsemasse in die typische Form und läßt sie langsam reifen. Die abgeschöpfte Sahne ergibt eine ausgezeichnete Butter, *burro di panna,* und die Molke wird an die Schweine verfüttert, die den berühmten Schinken liefern — eine optimale Rohstoffverwertung also.

Eines der erhebendsten Erlebnisse, die einem auf dieser Reise widerfahren, ist es, *prosciutto* und *parmigiano* an ihrem Ursprungsort zu kosten. Welch ein Picknick läßt sich da zusammenstellen! Lassen Sie sich den Prosciutto nicht papierdünn aufschneiden, denn seine Zartheit und sein milder Geschmack offenbaren sich erst richtig, wenn man in eine ordentliche Scheibe hineinbeißt. Ähnliches gilt für den Parmesan, der nicht nur gerieben wird, um andere Gerichte geschmacklich zu vollenden, sondern auch als Tafelkäse sehr geschätzt ist. Genießen Sie ein frisch abgeschnittenes Stück dieses strohgelben, leicht körnigen Käses mit seinem intensiven, jedoch nicht scharfen Aroma — und Sie werden sich fragen, ob Sie jemals etwas Vergleichbares kennengelernt haben. Alles, was Sie für ein perfektes Picknick noch brauchen, ist Brot und Wein. Beim Bäcker finden Sie *pasta dura,* frische, immer wieder anders geformte Brötchen mit harter Kruste und herrlich weicher Krume. Zu unserem großen Glück befinden wir uns im Herzen der Lambrusco-Heimat, so daß Sie nach diesem gefälligen, moussierenden Rotwein nicht lange suchen müssen. Zum Dessert gibt es schwarze Kirschen aus dem nahegelegenen Vignola — süß, knackig und die besten ganz Italiens.

Etwa auf halber Strecke zwischen Piacenza und Rimini müssen Sie in Modena haltmachen, jener charmanten Stadt, deren volkstümliche Küche sich durch *zampone* und *cotechino* einen Namen gemacht hat. *Zampone* ist ein ausgebeinter, mit zerklei-

Deckenmalerei in Grazia Gazzonis Schlafzimmer

Straße, die auch heute noch von Piacenza an der lombardischen Grenze nach Rimini führt und auf der etwa 200 km langen geraden Strecke eine Reihe mittelalterlicher Städte verbindet, verdankt die Region die erste Hälfte ihres Namens.

Eine dieser Städte ist Parma, das untrennbar verbunden ist mit *prosciutto* (obwohl auch die Toskana und Umbrien einen ausgezeichneten Schinken herstellen) und dem wohl bekanntesten Käse der Welt. *Parmigiano reggiano,* wie sein offizieller Name lautet, kommt ursprünglich aus dem etwas weiter östlich zwischen Parma und Reggio

nertem und gewürztem Schweinefleisch gefüllter Schweinsfuß, der mehrere Stunden langsam gar gekocht und, in dicke Scheiben geschnitten, heiß aufgetragen wird. Häufig kommt er auch als *bollito misto* mit anderem, separat gekochtem Fleisch, wie Zunge, Huhn, Schinken oder Rindfleisch, und einer Beilage aus gekochtem Gemüse und Kartoffelpüree auf den Tisch. *Cotechino* ist der Name einer dicken Schweinskochwurst mit ganz ähnlicher Füllung wie beim *zampone*, die jedoch meist mit Linsen serviert wird.

Einen wahrhaft erlesenen Genuß hielt Modena jahrhundertelang in seinen Kellern, Speichern und Speisekammern verborgen. Gemeint ist *aceto balsamico*, der Balsamessig, obwohl *balsamico* allein, also einfach Balsam, zutreffender wäre. Denn im Mittelalter wurden dieser unvergleichlichen Essenz zunächst beruhigende und heilende Kräfte zugeschrieben, bevor man ihre würzenden Eigenschaften schätzen lernte.

Im Gegensatz zu Weinessig wird Balsamessig aus unvergorenem Traubensaft, einem aus meist süßen Trebbiano-Trauben gepreßten Most, hergestellt. Dieser wird in Kupferkesseln langsam zu einem süßen, dicken Sirup, *saba*, verkocht. Danach werden Essigsäurebakterien zugegeben, und die Flüssigkeit wird für die Gärung in ein Holzfaß gegossen. Dies ist der Beginn eines langen, aufwendigen und kostspieligen Reifeprozesses, im Laufe dessen der *balsamico* mit anderen Jahrgängen vermischt und nacheinander in verschiedene Fässer aus jeweils anderem Holz — Eiche, Kastanie, Maulbeerbaum, Wacholder, Kirschbaum — umgefüllt wird, die jeweils ihre besonderen Geschmacks- und Aromastoffe an den Essig abgeben. Ergebnis dieser jahrzehntelangen Prozedur ist eine dunkelbraune, funkelnde, sirupartige Flüssigkeit mit vollem Aroma, angenehmer Säure und ziemlich intensivem süß-herbem Geschmack.

Noch heute produzieren mehrere hundert Familien in der Gegend von Modena echten *balsamico*, meist jedoch nur für ihren

Im Speisezimmer des Palazzo Bosdari ist für ein Festessen gedeckt

privaten Bedarf. In so manchem Keller könnten Sie Tropfen probieren, die mehr als ein Jahrhundert alt und so mild sind, daß sie wie Likör anmuten. Tatsächlich habe ich es auf einer Hochzeitsfeier erlebt, daß man nicht mit Sektkelchen auf das Brautpaar anstieß, sondern mit Gläschen alten Balsams aus eigener Produktion, der es mit so mancher Riserva aus dem großherzoglichen Weinkeller hätte aufnehmen können.

Die wunderbaren, fast schon alchimistischen Eigenschaften des *balsamico* lassen sich in der Küche ohne weiteres erproben. Ich verwende oft ein paar Tropfen zur Verfeinerung des Salatdressings. Ein Teelöffel davon in letzter Minute unter den Risotto gerührt, verleiht diesem eine reizvolle Note. Auch in Fleischmarinaden macht er sich vorzüglich, und ein amerikanischer Freund

von mir hat ihn gar zu seiner beliebtesten Steaksauce erkoren. Einem Dessert aus frischen Erdbeeren verleiht er den letzten Pfiff, und exzellent schließlich schmeckt auch dünn geschnittener Parmesan, mit ein wenig *balsamico* beträufelt.

Führen wir an Bologna zunächst vorbei und setzten unseren Weg auf der Via Aemilia fort, so kämen wir in weniger als einer Stunde nach Rimini. Die Adria ist Italiens Hauptlieferant für eine enorme Fischvielfalt, und so ist es nicht weiter verwunderlich, daß die Küstenstädte mit einer Vielzahl von Fischspezialitäten aufwarten. In Ravenna, etwa 50 km oberhalb von Rimini, bereitet man vorzüglichen *brodetto*, eine Suppe aus einem Dutzend verschiedener kleiner Fische. Noch etwas weiter nördlich, in Comacchio, werden Aale gezüchtet und fangfrisch gegrillt, gebraten oder in Toma-

Käse aus der Umgebung Bolognas

ten geschmort. Zuweilen bekommt man sie auch *carpionate,* das heißt gebraten, in Essig eingelegt und mit Knoblauch, Lorbeer und Salbei gewürzt.

Aber kehren wir zurück nach Bologna. Die Bologneser sind Meister der Pastaherstellung. Sie kneten den Teig per Hand aus bestem Mehl und Eiern und rollen ihn hauchdünn aus. Pasta wird in allen Größen von winzigen *tortellini* bis zu ausladenden *tortelli* und in sämtlichen Formen von schmalen *tagliatelle* bis hin zu breiten Blättern, *lasagne,* angeboten. Meist wird sie zu Teigtaschen mit köstlichem Inhalt verarbeitet oder mit anderen Zutaten geschichtet oder auch mit einer dicken Fleischsauce vermischt. Ihre kreisförmigen *tortellini* füllen die Bologneser mit einer feinen Masse aus Schinken, Puten- und Kalbfleisch, Eiern, Käse und Gewürzen, insbesondere Muskatnuß. In dem Teil der Region, die den Namen Romagna trägt, werden die gefüllten Teigtaschen rechteckig ausgeschnitten und zu kleinen Hüten, den *cappelletti,* geformt. Nach einem klassischen Rezept werden diese in Brühe gekocht und aufgetragen, doch schmecken sie auch mit Butter oder Sahnesauce ganz vorzüglich. *Lasagne verdi,* grüne Teigblätter, deren Färbung

durch Zugabe von feingehacktem Spinat zum Pastateig zustande kommt, werden abwechselnd mit Butter, geriebenem Käse, Fleischsauce und manchmal auch *besciamella* in eine Form geschichtet und im Ofen gebacken. Die klassische Ergänzung zu *tagliatelle* ist *ragù,* eine dicke Sauce aus Zwiebeln, Mohrrüben, Schweine- und Kalbfleisch, Butter und Tomaten, oft noch angereichert mit Pilzen, Hühnerlebern und Sahne.

Bologna wurde nicht nur durch seine Pasta »fett«. Von hier stammt auch die berühmte Mortadella. Sie besteht aus reinem feingehackten Schweinefleisch und vielen Gewürzen, darunter Pfefferkörnern. Wegen ihrer weichen Konsistenz und ihres feinen Geschmacks ist sie in meinen Augen eine hervorragende ergänzende Zutat für andere Gerichte, wie Rouladen oder Hackbraten. In Bologna bekommt man ausgezeichnetes Kalbfleisch, aus dem die dortigen Köche *costolette alla bolognese* bereiten, eines ihrer vorzüglichsten Gerichte, das Kalbskotelett mit den drei delikatesten Produkten der Region vereint: mit Parmesan, Prosciutto und weißen Trüffeln.

Zum Dessert reicht man gerne reichhaltiges, mit Creme gefülltes Gebäck. Genießen Sie zum abschließenden Kaffee Majani-Schokolade, die seit 1796 in einem kleinen Familienbetrieb gleichen Namens vor den Toren der Stadt hergestellt wird, und genehmigen Sie sich zum Verdauen ein Gläschen *nocino.* Für diesen Likör werden grüne geschälte Walnüsse mit Zitronenschale, Zimt und Gewürznelken in Alkohol eingelegt, der dann lange in Eichenfässern reift.

Traditionsgemäß müssen die Walnüsse am 24. Juni, dem Festtag Johannes des Täufers, in aller Frühe gesammelt werden, solange sie noch feucht vom Tau sind. Nur in der Emilia-Romagna, so heißt es, konnte man auf die Idee kommen, aus Nüssen Likör herzustellen. Ihm werden heilende Kräfte nachgesagt, und zweifellos ist er ein zuverlässiger *digestivo.* Nicht minder exquisit aber schmeckt er über Eiscreme geträu-

felt (falls immer noch jemand Hunger verspürt!).

Bei all dem Bemerkenswerten über Küche und Eßkultur möchte ich jedoch betonen, daß Bologna nicht nur eine Stadt von Gourmets und Gourmands ist. In vielerlei Hinsicht ist es eine der schönsten und angenehmsten Städte Italiens, in deren Zentrum sich die wunderschöne Piazza Maggiore erstreckt mit der beeindruckenden Basilica di San Petronio und dem monumentalen Neptunbrunnen des Renaissance-Bildhauers Giambologna.

Die Bologneser sind fröhliche und freundliche Menschen, die trotz des internationalen Touristenansturms sie selbst geblieben sind. Bologna ist nach wie vor eine sehr italienische Stadt. Ihre Bürger nehmen regen Anteil am öffentlichen Leben und kulturellen Geschehen. Seit neun Jahrhunderten gehen von der Universität — sie ist

Die Konfiserie Atti ist in der ganzen Region berühmt

Piazza Maggiore in Bologna

die älteste Europas und genießt noch heute hohes Ansehen — wichtige Impulse aus.

Während unsere Tochter Emanuela dort studierte, lebte sie bei unseren Freunden Giuseppe und Grazia Gazzoni, die wir seit vierzig Jahren kennen. Giuseppe entstammt einer alten Bologneser Familie. Er besitzt und managt einen der ältesten Industriebetriebe der Stadt, der zu Beginn des Jahrhunderts von einem Vorfahren gegründet wurde. Grazia ist Florentinerin. Bei ihrer

Heirat mit Giuseppe verließ sie eher widerstrebend ihre Geburtsstadt — um festzustellen, daß es sich in Bologna bestens leben läßt. Sie liebt es, ein paar Gäste in ihr hübsches, behagliches Zuhause zu einem Essen einzuladen, bei dem in kleiner Runde ein reger Austausch von Ideen und Erfahrungen stattfindet. Für diese Art gesellschaftlichen Lebens bietet Bologna reichlich Gelegenheit. Als Gast der Gazzoni findet man sich nicht selten in Gesellschaft des Univer-

sitätsrektors oder des Operndirektors sowie renommierter Besucher und Künstler wieder.

An Grazias Tafel ereignet sich die glückliche Begegnung zwischen *Bologna la Grassa,* der Fetten, und *la Dotta,* der Gelehrten, die sich gegenseitig davon abhalten, sich selbst zu ernst zu nehmen. Um Ausgewogenheit bemüht Grazia sich auch in ihren Menüs, die nicht träge machen, sondern die Konversation anregen sollen. Ihre Rezepte

Die berühmten Arkaden von Bologna

schöpfen aus der Reichhaltigkeit der Bologneser Küche, sind aber zugleich nicht so üppig, daß sie den Geist einschläfern. Ich erinnere mich an ein Gericht, das eine international gefeierte Sopranistin vor Entzücken trällern ließ. Es bestand aus einem sehr großen *raviolo*. Dieser war mit einem ganzen Eigelb gefüllt, das goldgelb hervorquoll, als sie mit der Gabel hineinstach. Und die cremige Zitronensauce auf dem zarten Spargel aus Ravenna, der zu den Kalbskoteletts mit Kräutern serviert wurde, würde selbst versagende Stimmbänder wieder zum Klingen bringen. Eine traditionelle, zugleich aber ungewöhnliche Kombination, die einem Autor mit Auszeichnung das Wasser in seinem umbärteten Mund zusammenlaufen ließ, war Schweinskochwurst mit warmem Weinschaum, ein sehr deftiges Gericht, dem zum Ausgleich ein leichtes, erfrischendes Dessert aus frischen Erdbeeren mit Balsamessig folgte. Giuseppe ist auch Präsident des in Bologna sitzenden Italienischen Verbandes der Verarbeitenden Industrie. Für seine Geschäftspartner bereitet Grazia oft Gnocchi in Parmesansahne, gefolgt von einem exquisiten Kalbsbraten. Selbst das lebhafteste Gespräch verstummt,

wenn das Dessert aufgetragen wird: *torta di capelli d'angelo,* eine aus frischem Ricotta, Mandeln, kandierten Früchten, Eischnee und Fadennudeln hergestellte Torte.

Grazia wählt die Weine mit großer Sorgfalt aus. Unter den Weißen bevorzugt sie die trockenen, fruchtigen Pinots aus den hügeligen Weinbaugebieten um Bologna. Ihr Favorit unter den Rotweinen der Region ist der unvergleichliche Barbarossa; zum Dessert bietet sie gerne einen Vin Santo aus der Romagna an. Vor allem aber legt sie Wert darauf, daß ein Wein *genuino* ist, denn weder das Getränk noch die Konversation sollen ihren Gästen Kopfschmerzen bereiten.

Nur achtzig Kilometer von Bologna entfernt jenseits des Apennin beginnt die Toskana, wo ich mich häufig aufhalte. Für zahlreiche Norditaliener ist dieser Übergang gleichbedeutend mit der Grenze zwischen Nord- und Süditalien. Dabei betrachten sich die Toskaner gewiß nicht als »Südländer«, sondern eher als eine besondere Rasse — und, natürlich, beiden überlegen. Dennoch verläßt man, zumindest gastronomisch gesehen, mit der Überquerung des Apennin zweifellos Norditalien. Auf den Weiden machen Schafe den Kühen Platz (eine Ausnahme bildet das Val di Chiana in der Toskana, wo die Rinder für die echte *bistecca alla fiorentina* aufgezogen werden), und die Reisfelder sind längst außer Sicht. Anstelle von Butter verwendet man hier Olivenöl, und *pasta secca,* getrocknete Pasta, wird weit häufiger serviert als *pasta all'uovo,* also Eierteigwaren. Die Regionen Norditaliens haben ihre Spezialitäten mit Knoblauch, z.B. die Piemonteser *bagna cauda* und das ligurische *pesto,* doch jetzt taucht dieser in nahezu jedem Gericht als entscheidende Zutat auf. Ich empfinde es daher bei jeder Fahrt über die *autostrada* von Bologna nach Florenz immer wieder als äußerst passend, daß die erste Ortschaft auf toskanischer Seite *Aglio* (Knoblauch) heißt.

Der Rhythmus der Arkaden setzt sich in den Pappelanpflanzungen des Po-Deltas fort

MENÜ FÜR EINE DIVA

∽

RAVIOLI ALLE UOVA
Ravioli mit Salbeibutter

COSTOLETTE ALLE ERBE
Kalbskoteletts mit Kräutern

ASPARAGI IN SALSA DI LIMONE
Spargel in Zitronensauce

PERE AI MIRTILLI
Gedünstete Birnen mit Heidelbeeren

D ieses Ravioli-Gericht ist eine Spezialität des mit Recht vielgerühmten Restaurants der Region, San Domenico in Imola, das die Kochtradition alter italienischer Familien fortsetzt. Während des Kochens steigen vielleicht einige Ravioli an die Oberfläche, da in ihnen beim Füllen Luft verblieben ist. Drükken Sie sie mit einem Schaumlöffel nach unten.

Das Rezept für die Kräuterkoteletts läßt sich auch auf Hühnchensuprêmes übertragen. Für den Spargel wurde die in der *cucina altoborghese* so beliebte Sauce hollandaise zu einer leichteren Version abgewandelt. Zu den Birnen passen auch Himbeeren ganz ausgezeichnet.

Weinempfehlung: Übernehmen Sie die Vorschläge von Grazia Gazzoni, die sich für das Beste der Region entschied: einen trockenen, vollen und fruchtigen Pinot bianco oder Pinot grigio, wie ihn Enrico Vallania in den Colli Bolognesi erzeugt; einen schweren, samtigen Barbarossa von Mario Pezzi, jenen einzigartigen Rotwein aus Bertinoro; zum Dessert schließlich den Vin Santo di Montericco von Pasolini Dall'Onda.

RAVIOLI ALLE UOVA
Ravioli mit Salbeibutter

200 g Mehl
2 Eier
225 g Ricotta
100 g geriebener Parmesan
4 EL gehackte Petersilie
6 Eigelb
100 g Butter
1 Handvoll frische Salbeiblätter
Salz und Pfeffer

Aus Mehl und Eiern nach der Anleitung auf S. 188 einen Pastateig bereiten und kneten, bis er glatt und elastisch ist. Zwei flache Rechtecke entsprechend der Größe Ihrer Nudelmaschine formen und diese zu sehr dünnen Teigblättern von 10 cm Breite ausrollen.

Aus dem Ricotta, der Hälfte des Parmesans, der Petersilie, Salz und Pfeffer die Füllung bereiten. Auf dem einen Teigblatt die Füllung in Häufchen mit 10 cm Abstand verteilen. In die Mitte jeweils eine Mulde drücken und 1 Eigelb hineingeben. Das zweite Teigblatt darüberbreiten und darauf achten, daß sich keine Luftblasen bilden. Die Ränder zusammendrücken und die Streifen mit einem Teigrädchen in 6 Ravioli zerteilen.

Die Butter mit dem Salbei bei mäßiger Hitze schmelzen. Die Ravioli in kochendem Salzwasser 2 Minuten garen. Sobald sie an die Oberfläche steigen, mit dem Schaumlöffel herausheben und portionsweise anrichten. Mit Parmesan bestreuen, mit der Salbeibutter beträufeln und servieren.

COSTOLETTE ALLE ERBE
Kalbskoteletts mit Kräutern

2 Eier
Salz
6 EL gehackter Rosmarin, Origano, Thymian, Salbei
200 g feine trockene Semmelbrösel
6 Kalbskoteletts

100 g Butter
1 Zitrone

Die Eier mit etwas Salz verquirlen. Die Kräuter und Semmelbrösel vermengen. Die Koteletts erst im Ei, dann in den Semmelbröseln wenden.

Die Butter in einer Pfanne erhitzen. Die Koteletts beidseitig goldbraun braten. Auf einer Platte anrichten, mit Zitronenspalten garnieren und auftragen.

ASPARAGI IN SALSA DI LIMONE
Spargel in Zitronensauce

2 kg Spargel
Für die Sauce:
4 EL/50 g Butter
2 EL Mehl
½ l Hühnerbrühe, zimmerwarm (siehe S. 189)
1 Eigelb
12 cl Sahne
Saft von 1 Zitrone
Salz

Den Spargel sorgfältig schälen, bündeln und mit den Köpfen nach oben in einem hohen Topf mit Salzwasser garen. Abtropfen lassen und auf einer Platte bis zur Fertigstellung der Sauce warm halten.

Während der Spargel im siedenden Wasser köchelt, die Sauce zubereiten. Die Hälfte der

Butter erhitzen. Das Mehl einstreuen und rühren, bis sich eine glatte Mehlschwitze ergibt. Nach und nach die Brühe angießen und gut rühren. Den Topf vom Herd nehmen. Das Eigelb gründlich unterziehen. Die Sauce ins Wasserbad stellen. Bei milder Hitze nach und nach die Butter einrühren.

Die Sauce aus dem Wasserbad nehmen. Mit Sahne, Zitronensaft und Salz verfeinern. Sofort über den Spargel gießen und servieren.

PERE AI MIRTILLI
Gedünstete Birnen mit Heidelbeeren

6 Birnen (zum Dünsten geeignet)
1/2 l Rotwein
150 g Zucker
abgeriebene Schale von 1/2 Zitrone
200 g Heidelbeeren

Die Birnen schälen, ohne die Stiele zu entfernen. Mit Wein, Zucker und Zitronenschale in eine Kasserolle geben. Zugedeckt bei milder Hitze etwa 10 Minuten dünsten. Aus dem Sirup nehmen und auf Tellern anrichten.

Die Beeren durchpassieren. Den Birnensirup um drei Viertel einkochen und unter die pürierten Beeren rühren. Die Birnen damit übergießen und vor dem Servieren erkalten lassen.

Ravioli mit Salbeibutter

Spargel in Zitronensauce
Teighütchen auf Blätterteig

MENÜ FÜR EINEN PREISGEKRÖNTEN AUTOR

SFOGLIATA DI CAPPELLETTI
Teighütchen auf Blätterteig

COTECHINO ALLO ZABAIONE
Kochwurst in Weinschaum

ZUCCHINE RIPIENE
Gefüllte Zucchini

FRAGOLE ALL'ACETO BALSAMICO
Erdbeeren mit Balsamessig

Wenn ich es eilig habe, verwende ich Blätterteig aus der Tiefkühltruhe. Es werden auch gute getrocknete *cappelletti* angeboten, was die Zubereitung erheblich beschleunigt.

Cotechino mit Weinschaum und Linsen ist das klassische Gericht für den Silvesterabend — die Linsen symbolisieren Geld und damit Reichtum — und wird dann natürlich mit reichlich Spumante hinuntergespült. In jedem Falle, ob mit oder ohne Linsen, eine interessante und köstliche Zubereitung für vielerlei Anlässe.

Balsamessig, oder auch ein guter Rotweinessig, bewirken Wunder, wenn Ihren Erdbeeren das richtige Aroma fehlt.

SFOGLIATA DI CAPPELLETTI
Teighütchen auf Blätterteig

400 g Blätterteig (siehe S. 188)
200 g Mehl und 2 große Eier für den Pastateig
Für die Füllung:
100 g Mortadella
100 g Schinken
50 g Salsiccia (italienische grobe Bratwurst)
2 EL getrocknete Steinpilze, 30 Minuten in Wasser eingeweicht und ausgedrückt
1 TL Wacholderbeeren

1 EL feine trockene Semmelbrösel
1 Ei
1 Prise geriebene Muskatnuß
100 g geriebener Parmesan
Salz und Pfeffer
Zum Vollenden:
4 EL/50 g Butter
12 cl Sahne

Für die Füllung Mortadella, Schinken, Wurstfülle, Pilze und Wacholderbeeren fein hacken. Mit Semmelbröseln, Ei, Muskatnuß und 2 EL Parmesan vermengen. Salzen und pfeffern. Alles gründlich vermischen und kalt stellen.

Den Blätterteig ausrollen. Eine gebutterte und leicht bemehlte Tortenform mit herausnehmbarem Boden damit auskleiden. Den Teigboden mit Pergamentpapier abdecken, mit getrockneten Bohnen beschweren und bei 180°C etwa 20 Minuten blindbacken. Bohnen und Papier entfernen und weitere 20 Minuten backen.

Den Pastateig herstellen (siehe S. 188). Mit der Nudelmaschine zu möglichst dünnen, 5 cm breiten Streifen ausrollen.

Je ½ TL der Füllung in 2,5 cm Abstand auf die eine Hälfte der Teigstreifen geben. Die zweite Hälfte darüberlegen. Den Teig um die Füllungen fest zusammendrücken. Die Streifen zwischen den Füllungen durchschneiden. Die Rechtecke mit der Längskante um einen Finger legen und die beiden unteren Ecken zusammendrücken, so daß sich kleine Hütchen, *cappelletti,* ergeben.

Während der Blätterteig backt, Butter und Sahne erhitzen und die Teighütchen einige Minuten in kochendem Salzwasser garen lassen. Abgießen und mit der Sahnebutter vermischen. Auf dem Blätterteigboden verteilen, mit dem restlichen Parmesan bestreuen und servieren.

COTECHINO ALLO ZABAIONE
Kochwurst in Weinschaum

1 Cotechino (italienische Kochwurst) à ca. 800 g
2 Eigelb
3 EL Zucker
4 EL Marsala

Den Cotechino mehrmals mit einer Nadel einstechen. Fest in ein Stück Gaze einwickeln, zubinden und in einen schmalen, länglichen Topf legen. Mit kaltem Wasser bedecken und etwa 2½ Stunden leise köchelnd garen. Abtropfen lassen und einige Minuten beiseite legen.

Inzwischen Eigelbe und Zucker mit dem Schneebesen cremig schlagen. Den Marsala zufügen und das Ganze im Wasserbad unter Rühren erhitzen, bis sich ein dicker Weinschaum ergibt.

Den Cotechino auswickeln und auf einer Platte aufschneiden. Den Weinschaum darum verteilen und das Gericht servieren.

ZUCCHINE RIPIENE
Gefüllte Zucchini

6 mittelgroße Zucchini
100 g Ricotta
1 Ei, getrennt
50 g gehackte Petersilie
50 g geriebener Parmesan
2 EL/25 g Butter
Salz und Pfeffer

Die Zucchini einige Minuten in Salzwasser kochen. Längs eine dünne Scheibe abschneiden und die Früchte etwa bis zur Hälfte aushöhlen.

Ricotta, Eigelb, Petersilie, Parmesan, Salz und Pfeffer vermischen. Das Eiweiß zu Schnee schlagen und unter die Mischung ziehen. Diese in einen Dressiersack geben und die Zucchini großzügig damit füllen.

Nebeneinander in eine eingebutterte Form legen und mit Butterflöckchen belegen. Im vorgeheizten Ofen 40 Minuten bei 180°C backen, bis die Zucchini innen fest sind und die Füllung goldbraun überkrustet ist. Nach Bedarf während des Backens einige EL Wasser in die Form geben.

Kochwurst in Weinschaum

FRAGOLE ALL' ACETO BALSAMICO
Erdbeeren mit Balsamessig

450 g Erdbeeren
3 EL Balsamessig
3 EL Zucker

Die Erdbeeren putzen, halbieren bzw. vierteln und in Dessertschalen füllen. Essig und Zucker darüber verteilen. Bis zum Servieren 2 Stunden kalt stellen. Nach Belieben mit Schlagsahne vollenden.

87

Die Gnocchi können im voraus zubereitet, in der Form im Kühlschrank aufbewahrt und in letzter Minute gratiniert werden. Bereiten Sie zur Abwechslung auch einmal eine Gorgonzola-Sahne-Sauce oder eine Béchamelsauce mit *funghi porcini* (getrockneten Steinpilzen).

Befürchten Sie nicht, daß die Kalbshaxe während der vierstündigen Garzeit austrocknet, im Gegenteil, sie wird wunderbar zart aus dem Ofen kommen. Decken Sie sie nicht ab. Sollte sie gegen Ende der Garzeit noch nicht ausreichend gebräunt sein, schalten Sie den Ofen in den letzten 20 Minuten auf 200 °C hoch.

Die Pasta-Torte wird heiß aufgetragen. Sie läßt sich auch mit frischen Taglierini zubereiten.

GNOCCHI FONDENTI
Gnocchi-Gratin

22 cl Milch
1 Prise Salz
12 EL/180 g Butter
300 g Mehl
4 Eier
etwas geriebene Muskatnuß
225 g geriebener Parmesan
22 cl Sahne

Die Milch unter Zugabe von Salz und Butter aufkochen. Vom Herd nehmen und das Mehl einrühren. Den Topf wieder auf den Herd stellen und kochen, bis sich eine teigige Masse ergibt. Einige Minuten abkühlen lassen. Nun die Eier einzeln unterziehen und den Teig schlagen, bis er Blasen wirft. Mit Muskatnuß und ¼ des Parmesans würzen.

Den Teig in einen Dressiersack mit weiter Tülle füllen. Vom herausquellenden Strang Stückchen abschneiden und diese sofort in kochendes Salzwasser fallen lassen. Die Gnocchi, nachdem sie an die Oberfläche steigen, noch einige Minuten garen lassen. Mit einem Schaumlöffel herausnehmen und in eine ofenfeste Form geben.

Die Sahne mit dem restlichen Parmesan langsam erhitzen und über die Gnocchi gießen. 20 Minuten bei 200 °C goldgelb backen.

STINCO AL LIMONE
Kalbshaxe mit Zitrone

1 Kalbshaxe von ca. 1,5 kg
3 Rosmarinzweige, feingehackt
Salz und Pfeffer
1 EL Mehl
4 EL/50 g Butter
1 Glas Weißwein
2 Eigelb
2 EL Zitronensaft
abgeriebene Schale von 1 Zitrone
2 EL gehackte Petersilie
22 cl Fleischbrühe (siehe S. 189)

Die Kalbshaxe mehrmals längs bis zum Knochen aufschlitzen. Den Rosmarin mit etwas Salz mischen und die Mischung in die Einschnitte geben. Die Haxe mit Küchenzwirn umwickeln. Salzen, pfeffern und ringsum einmehlen.

Mit der Butter in eine ofenfeste Kasserolle geben und 4 Stunden bei 150 °C braten.

Die Haxe aus der Kasserolle nehmen. Das Fett abgießen und den Bratensatz mit dem Wein ablöschen. Eigelbe, Zitronensaft und -schale, Petersilie und Brühe in einer Schüssel verquirlen. Die Mischung in die Kasserolle gießen. Die Sauce bei milder Hitze etwa 1 Minute leicht eindicken lassen. Das Fleisch in Scheiben schneiden, auf eine Platte legen, mit der Sauce übergießen und servieren.

INSALATA AL BALSAMICO
Gemischter Salat mit Balsamessig

1 Kopfsalat
1 Handvoll Petersilienblätter
1 Handvoll Rucola
1 Handvoll Endivienblätter
etwas Dill, Pfefferminzblätter, Bohnenkraut
2 sehr dünne Scheiben Schinken
2 EL/25 g Butter
1 EL Rotweinessig
Salz und Pfeffer
1 EL Balsamessig
5 EL Olivenöl »extra vergine«

Die Salate und Kräuter in einer Schüssel mischen. Den Schinken in Streifen schneiden, in der Butter kroß braten und über den Salat geben. Die übrigen Zutaten gründlich zu einer Marinade verrühren. Über den Salat gießen, durchmischen und servieren.

TORTA DI CAPELLI D'ANGELO
Fadennudeln-Torte

225 g Ricotta
3 Eier, getrennt
100 g Zucker
abgeriebene Schale von 1 Orange
100 g kandierte Früchte, zerkleinert
100 g Mandeln, geröstet und gehackt
200 g Fadennudeln
Salz

Den Ricotta durch ein Sieb streichen. Mit den Eigelben, dem Zucker, der Orangenschale,

Fadennudeln-Torte

den kandierten Früchten und der Hälfte der Mandeln gründlich vermischen.

Die Nudeln 2 Minuten in leicht gesalzenem sprudelnden Wasser kochen. Abgießen und mit der Ricotta-Mischung vermengen. Die Eiweiße steif schlagen und behutsam unterziehen.

Eine gefettete Springform mit den restlichen Mandeln ausstreuen. Die Nudelmasse hineinfüllen und im vorgeheizten Ofen bei 180°C etwa 1 Stunde backen. Aus der Form nehmen und sofort servieren.

89

TOSKANA

BADIA A COLTIBUONO IN CHIANTI

Familiäre Gastlichkeit in einer mittelalterlichen Abtei,
dem Domizil von Lorenza de'Medici und Piero Stucchi-Prinetti

Ich lebe in einer ehemaligen befestigten Benediktinerabtei aus dem 11. Jahrhundert, die seit nahezu zweihundert Jahren der Wohnsitz der Giuntini, der Familie meines Mannes, ist. Urgroßvater Guido Giuntini, ein Florentiner Bankier, erwarb die Abtei, nachdem Napoleon die Benediktiner enteignet hatte, und gestaltete sie zum Landsitz für seine Familie um. Heute leben wir hier praktisch das ganze Jahr.

Deutlich erinnere ich mich an den Tag, als ich die Abtei zum erstenmal sah. Seinerzeit war die Anfahrt von Mailand noch lang und beschwerlich. Dazu war es ein besonders heißer Augusttag. Etwa auf halber Strecke zwischen Florenz und Siena bogen wir schließlich ab und fuhren zwischen Weinbergen und Clivenhainen in die Hügellandschaft des Chianti. In über sechshundert Metern Höhe stand sie

Blick über die Chianti-Hügel und das Elsa-Tal in den frühen Morgenstunden.
Oben: Die Badia a Coltibuono, vom Garten aus betrachtet

plötzlich majestätisch vor unseren Augen: schmucklos, streng, jedoch keineswegs abweisend. Die hellen Mauern erstrahlten in der Spätnachmittagssonne in rosigem Schimmer, kühn erhob sich der mittelalterliche Turm über die umgebenden Wälder.

Das Wohngebäude der Abtei weiß von einer beinahe tausendjährigen Geschichte zu erzählen, während derer seine Architektur mehrfach den wechselnden Erfordernissen angepaßt wurde. So befand sich beispielsweise in unserem jetzigen Wohnzimmer einst die Küche der Abtei. Hier steht auch noch immer der uralte, herrliche offene Herd, auf dem Bruder Koch die mönchischen Mahlzeiten bereitete und an dem im Winter meine Familie — besonders mein jüngster Sohn Guido — Barbecues *al-la toscana* veranstaltet, bei denen es meist *bistecca alla fiorentina,* von unserem Dorfmetzger Vincenzo frisch zubereitete Schweinswürste und *rosticciana* (saftige toskanische Spareribs) gibt.

Gegenüber vom Kamin hängt ein aus dem 16. Jahrhundert stammendes Portrait eines meiner Vorfahren, Alessandro de'Medici, des späteren Papstes Leo XI. Ich denke, Seine Heiligkeit würde nicht alles billigen, was heute hier so vor sich geht, obwohl er selbst schon nach zwei Wochen aus seinem Amt schied — gestorben an Völlerei! Wie dem auch sei, ich habe seine Anwesenheit in diesem Raum, die der meinen lange vorausging, immer als hoffentlich Gutes verheißendes Omen verstanden. Das Schicksal hat für meine Familie wohl eine langwährende Verbindung mit Coltibuono vorgesehen.

Giovanni de'Medici, Sohn Lorenzos des Prächtigen, und danach sein Cousin Giuliano de'Medici hielten die Abtei im späten 15. Jahrhundert vorübergehend als lukratives Lehen. Francesca, die Enkelin Lorenzos, heiratete einen anderen de'Medici. Das Paar zog nach Ottaviano nahe Neapel, wo es meinen Zweig der Familie gründete. Ich male mir gerne aus, wie diese Verwandte die Abtei ihres Onkels besuchte und als

hochangesehener Gast in demselben herrlichen Raum speiste, in dem ich heute meine Gäste bewirte.

Ob der Prächtige selbst jemals die Badia besuchte, wissen wir nicht. Ziemlich sicher ist jedoch, daß er die Weine ihrer Ländereien trank und das Wild ihrer Wälder kostete. Zufällig war der Abt von Coltibuono der Bruder einer der einflußreichsten Persönlichkeiten am Hof der Medici, des humanistischen Philosophen und Dichters Baccio Ugolini. Während eines Sommeraufenthaltes in der Badia schrieb dieser einen Brief an Lorenzo, um ihn zu einem Besuch zu bewegen. Der (noch heute in den Archiven aufbewahrte) Brief, der von einer Weinkostprobe begleitet war, las sich wie folgt: »... der hiesige Rotwein ist weit köstlicher als der von Vallombrosa, einer anderen toskanischen Abtei, die Lorenzo hin und wieder aufsuchte, und der Weiße ist ebenso gut, wenn nicht besser. Die Hitze macht einen schönen Durst. Auch gibt es den kühlenden Schatten von Pinien und murmelnde Bäche.«

Sein Bruder, der Abt, war ein leidenschaftlicher Jäger. Er sandte Lorenzo ein Wildschwein, das er selbst in den umliegenden Wäldern erlegt hatte, mit der schriftlichen Versicherung, es sei das einzige, das nicht hatte entwischen können. Heute ist es meist unser Gärtner Virgilio, ein passionierter Jäger, der den Wildschweinen nachstellt, die ich dann nach einem traditionellen toskanischen Rezept mit einer süß-pikanten Sauce aus Rotweinessig und Schokolade zubereite.

Zurück zur kulinarischen Vergangenheit, von der die Architektur der Badia erzählt. Recht interessant ist hierbei der Aufstieg — »Abstieg« wäre vielleicht treffender — der Speisezimmer im Laufe der Jahrhunderte. Das aus der Renaissance datierende Refektorium dient uns nun als Salon bei großen Empfängen. Ich habe den weiten Raum mit seinen Fresken und der Gewölbedecke ganz schlicht mit weißen Sofas und Sesseln eingerichtet, so daß man, wie ich hoffe, noch immer etwas von seinem

einstigen Charakter spürt. Neben dem Refektorium befand sich das Speisezimmer für Gäste, das ich heute für offizielle Anlässe nutze. Auch dieser Raum stammt aus dem 15. Jahrhundert, wurde allerdings im 18. Jahrhundert neu dekoriert. Unter anderem weist er wunderschöne barocke Stuckarbeiten auf, vielleicht ein Werk deutscher Gastmönche, die sich damit für Kost und Logis bedankten. An diesen Raum grenzt die ehemalige Küche, die, wie bereits erwähnt, heute unser Wohnzimmer ist. Von hier gelangt man in zwei weitere Räumlichkeiten, die ehemalige Anrichte und die Speisekammer. Sie fungieren derzeit als Eßzimmer und Küche und wurden kürzlich für meine Kochschule umgebaut.

Anhand meiner Beschreibung läßt sich feststellen, daß mit immer weniger Haushaltshilfen (bei den Mönchen waren die Laienbrüder für das Kochen und Auftragen der Speisen zuständig, meine Schwiegermutter beschäftigte sieben Bedienstete, ich dagegen habe nur eine Hausangestellte und gelegentlich zusätzliche Hilfe) Speisezimmer und Küche näher zueinander rückten und auch kleiner wurden, obwohl sie nach heutigem Maßstab noch immer relativ großzügig bemessen sind. Parallel zur Neuanordnung und Umgestaltung von Küche und Eßbereich vollzog sich ein Wandel der Kochtradition und gastgeberischen Bräuche in Coltibuono.

Als meine Schwiegermutter, Maria Luisa Giuntini, noch das Haus führte, nahm man die Mahlzeiten generell im formellen Speisezimmer ein, und jeder, einschließlich des Personals, zog sich für diesen Anlaß um. Die Kinder waren zu sehen, aber natürlich nicht zu hören. Im allgemeinen wurden sie in ihr eigenes Miniatur-Speisezimmer verbannt.

Nach den Mahlzeiten begab man sich in das ehemalige Refektorium, um zu musizieren, oder Billard und, öfter noch, Karten zu spielen. Marilù, wie Maria Luisa genannt wurde, unterhielt so etwas wie einen Salon, dem unter anderem Nicky Mariano, Bernard Berenson, Giulietta Men-

Der Salon der Badia

delssohn, Gaspar Cassadò und John Pope Hennessy angehörten.

Coltibuono besticht durch vielerlei Facetten — als mittelalterliche Abtei, modernes Wein- und Landgut, kulturelle Sehenswürdigkeit in bezaubernder Landschaft. Doch als ich den Haushaltsvorstand übernahm, beschloß ich, daß es zunächst einmal unser Zuhause sein sollte.

Die Gelegenheiten, bei denen sich die ganze Familie um die Tafel versammelt, werden so rar, daß ich meine Kinder und ihre Freunde keineswegs vom Tisch verbannen

mochte, nur weil ein »offizielles« Essen auf dem Programm stand. Wir haben eigentlich immer Gäste aus der Welt der Weine, der Kunst oder der Politik, und ich glaube festzustellen, daß sie angenehm überrascht sind, in diesem zuweilen so imposant wirkenden mittelalterlichen Kloster eine natürliche Gastlichkeit anzutreffen.

Seit Jahren verbringen wir hier verlängerte Wochenenden und Ferien, um uns vom Mailänder Alltag zu erholen. Hier entspannen wir im Kreise von Familie und Freunden, hier kann ich baden gehen,

mich im Garten betätigen, lange Spaziergänge inmitten der herrlichen Chianti-Landschaft unternehmen und unsere interessanten Nachbarn besuchen, die sich, aus ganz Italien, ja sogar der ganzen Welt kommend, in der Toskana niedergelassen haben.

Diese persönlichen Umstände haben Gastlichkeit und Tischsitten in Coltibuono geprägt. Es herrscht eine familiäre, ungezwungene Atmosphäre, die ich selbst bei unseren recht häufigen formellen Dinnerpartys aufrechterhalten möchte. Dabei

Der ehemalige Kreuzgang der Badia, der heute verglast ist

muß ich gestehen, daß ich erst seit kurzer Zeit gelegentlich »richtige« Weingläser verwende. Ich hatte Marilùs Weinpokale aus böhmischem Kristall sorgsam weggepackt und mich nicht gescheut, selbst erlesene alte Jahrgänge in unsere einfachen Gläser für den täglichen Gebrauch einzuschenken. Einige unserer amerikanischen Gäste hielten dies für »superchic«. Wahrscheinlich aber waren die britischen Besucher, besonders die aus der Weinbranche, leicht schockiert, und was die Franzosen darüber dachten, wissen die Götter! Für mich aber war diese Angewohnheit wohl nichts weiter als die unbewußte Fortsetzung spontaner, selbstverständlicher Gastlichkeit.

Auch bemühe ich mich seit jeher, Menüs zusammenzustellen, die im voraus oder zumindest ohne große Hektik in letzter Minute zubereitet werden können. Heutzutage stehen einem nicht immer die Hilfen zur Verfügung, die man früher vielleicht hatte, und trotzdem koche ich gern selbst für meine Gäste. Gleichzeitig aber möchte ich mich ihnen während des Es-

sens und auch zuvor schon widmen können und nicht den Abend in der Küche verbringen. Daher bevorzuge ich einfache, unkomplizierte Rezepte.

Andererseits gilt es in Coltibuono, ein kulinarisches Erbe zu bewahren. Traditionsgemäß erwarten den Gast einer toskanischen *fattoria* (Landgut) beste Speisen und Bewirtung. Feiner Wein und hochwertiges Olivenöl, die beiden Haupterzeugnisse eines Gutes, sind untrennbar verbunden mit gutem Essen. Ein so ehrwürdiges und kultiviertes Ambiente wie die Badia verlangt nach Stil und Eleganz und inspiriert auch dazu. Außerdem habe ich in Coltibuono meine Kochschule eingerichtet, und natürlich möchte ich das, was ich lehre, auch selbst praktizieren. Glücklicherweise bietet die Toskana, kulturell wie kulinarisch, genau die richtigen »Zutaten«, wie sie die schlichte Eleganz verlangt.

Diese Region ist von unvergleichlicher — natürlicher wie auch von Menschenhand geschaffener — Schönheit und einzigartig in ihrer Landschaft, in der unbe-

rührte Wildheit und Kultiviertheit harmonisch nebeneinander bestehen. Für mich hat es den Anschein, als sei die gesamte Kultur der Toskana getragen von einer feinen geschmacklichen Ausgewogenheit, und dies trifft zweifellos auch auf ihre Küche zu.

Die Küche der Toskana läßt kaum fremde Einflüsse erkennen. Selbst die *cucina alto-borghese toscana* hat sich ihren regionalen Charakter weitgehend bewahrt. Tatsächlich war es sogar diese Küche, die die anderen beeinflußte. So soll es Caterina de'Medici gewesen sein, die *canard à l'orange* oder, wie sie gesagt hätte, *anitra all'arancia,* neben anderen kulinarischen Traditionen Italiens, wie dem Gebrauch von Messer und Gabel, in Frankreich einführte.

Immer wieder hört man, es gebe keine wirklich klassische italienische Küche, sondern nur regionale Ausprägungen. Dem würde ich entgegenhalten, daß die Toskana die für Italien typischste Gegend ist und sich dies ebenso auf die gastronomische Ebene übertragen läßt.

Toskanische Gerichte sind unkompliziert, kräftig, frisch, bodenständig und nahrhaft — Attribute, die auf die *cucina alto-borghese* genauso zutreffen wie auf die *cucina povera.* Die Vorzüglichkeit der Speisen beruht auf der richtigen Auswahl der Zutaten, die hochwertig sein müssen und mit einem Minimum an Gewürzen, mit einfachen Mitteln und großem Können verarbeitet werden. Dies bedeutet keineswegs, daß es den Speisen an Feinheit oder Eleganz mangelt. Vielmehr sind sie von beinahe genialer Schlichtheit.

Ein exzellentes Beispiel hierfür liefert das mit Salbei, Rosmarin und Lorbeer gewürzte Schweinskarree mit Fenchelsauce, das unbedingt Fleisch bester Qualität verlangt. Die Gewürze müssen genau abgestimmt sein, so daß sie den natürlichen Geschmack nicht überdecken, und die Fenchelsauce schließlich rundet den zarten, aromatischen Braten ab. Nicht von ungefähr trägt diese toskanische Zubereitung den Namen *arista* (griechisch für »Das ist das Beste!«) nach dem begeisterten Ausruf, den ein griechischer Besucher nach dem ersten Bissen tat.

Bemerkenswert ist die natürliche Verbindung zwischen Kultur und Landschaft, ja sogar zwischen Stadt und Land. Die Toskaner legen großen Wert auf frische Nahrungsmittel. Sie scheinen die geborenen Gärtner zu sein und gehen gerne auf die Jagd. Marilù verbrachte etwa sechs Monate des Jahres in Coltibuono und die übrige Zeit in Florenz. Doch auch dort bekam sie fast täglich eine Wagenladung von Erzeugnissen aus Coltibuono. Hieran wird deutlich, wie sehr die toskanische *cucina altoborghese* in ihren Ursprüngen verwurzelt blieb. Dagegen fehlt es der in den Städten entstandenen *haute cuisine* meist an dieser Erdverbundenheit, und so muß sie für diesen Mangel einen Ausgleich finden.

Ein einfaches und äußerst beliebtes Gericht heißt *spiedini di salsicce e fegatelli*. Hierbei handelt es sich um Spießchen mit in Schweinsnetz gewickelter Schweinsleber, milden Schweinswürsten aus dem Chianti und kleinen Stückchen Landbrot, wobei man kaum zu sagen vermag, welche von den drei Zutaten die leckerste ist. Dazu reiche ich frische Erbsen aus dem eigenen Garten, die ich mit etwas Estragon gewürzt habe.

Ein unschätzbarer Vorteil einer bodenständigen Küche liegt darin, daß sie die Produkte der Saison verwendet und man somit immer voller Vorfreude auf Kommendes ist: im Herbst auf Wild, Tauben und die Unmengen von Pilzen, besonders die köstlichen Steinpilze, die in den Wäldern um Coltibuono gedeihen, und die wunderbaren weißen Trüffeln aus der Gegend um Siena; im Winter gibt es Bohnensuppen, die mit unserem frisch gepreßten Olivenöl verfeinert werden; der Frühling beschert uns Gemüse in Hülle und Fülle, und den ganzen Sommer über schwelgen wir in Obst, Salaten und frischem Schafskäse.

Besser, als meine Worte es vermögen, zeichnet nachfolgende Geschichte ein Bild

davon, wie in Coltibuono gekocht und beköstigt wird. Vor einigen Jahren klopfte ein bekannter Herr aus der Welt der »Reiseabenteuer« unangemeldet an die Tür der Badia. Er wollte sich ein Bild von Coltibuono machen und erkunden, ob er dort Aufenthalte für einen ausgewählten Kundenkreis arrangieren könnte. Da er sehr korrekt mit dunklem Jackett und Krawatte gekleidet war, wurde er von der Haushälterin für den Chauffeur einer Gruppe New Yorker Köche gehalten, die ich an jenem Tag zum Mittagessen eingeladen hatte. Sie führte ihn also schnurstracks in die Küche, wies ihm einen Platz am Tisch zu und schenkte ihm ein Glas Wein ein. Dann breitete sie ein Damasttuch über den Marmortisch und legte ein Gedeck für ihn auf.

Bevor er überhaupt etwas sagen konnte, stellte sie ihm einen Teller *risotto ai funghi porcini* vor die Nase, der zufällig gerade fertig war. Inzwischen hatte er aus dem angrenzenden Speisezimmer Stimmen und Gelächter vernommen und vermutete, daß hier ein Mißverständnis vorlag. Da er jedoch nicht Italienisch sprach und die Haushälterin kein Wort Englisch verstand, konnte er die Lage nicht klären. Also entschuldigte er sich, so gut er konnte, und ging. Mit Bedauern ließ er den Risotto und die gefüllte Taube, die soeben aus dem Ofen kam, zurück.

Erst als wir uns ein paar Monate später begegneten, erzählte er mir, wie er aus meiner Küche weggegangen war, etwas verwundert zwar, zugleich aber tief beeindruckt von der spontanen, herzlichen, völlig zwanglosen und dabei kultivierten Gastfreundschaft und von dem Essen, das zumindest köstlich roch und aussah. Ich würde mir wünschen, daß alle meine Gäste diesen Eindruck von Coltibuono mitnehmen — mit dem Unterschied natürlich, daß sie auch Gelegenheit haben, das Essen zu probieren!

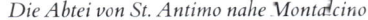

Die Abtei von St. Antimo nahe Montalcino

Schweinskarree mit Fenchelsauce

MENÜ
FÜR EIN FAMILIENESSEN

MINESTRA DI FAGIOLI E LATTUGA
Bohnen-Salat-Suppe

ARISTA DI MAIALE AL FINOCCHIO
Schweinskarree mit Fenchelsauce

PATATE ALL'ALLORO
Lorbeer-Kartoffeln

*CROSTATA DI PERE
AL CIOCCOLATO*
Birnen-Schokoladen-Torte

Dieses unkomplizierte Menü ist Inbegriff der ländlichen Chianti-Küche und besonders für kalte Winterabende zu empfehlen. Bei der Suppe, deren Geheimnis in den ausgewogenen Gewürzen liegt, handelt es sich um eine leichtere Variante von *pasta e fagioli,* einer traditionellen toskanischen Bauernmahlzeit. Anstelle der Cannellini-Bohnen können Sie auch Kichererbsen verwenden. Ein leichtes, nahrhaftes Mittagessen erhalten Sie, wenn Sie einzelne Suppenteller mit einer dicken Scheibe geröstetem und mit Olivenöl beträufeltem italienischem Weißbrot auslegen und die Suppe darübergießen.

Damit der Braten sein ganzes Fett abgibt und schön bräunt, muß er ganz langsam gegart werden. Die Kartoffeln erhalten ein volleres Aroma (nicht erforderlich bei diesem schmackhaften Braten), wenn Sie sie vor dem Backen mit etwas Schinkenspeck umwickeln.

Für einen festlichen Anlaß garnieren Sie die Torte mit Sahnehäubchen.

Weinempfehlung: Ein junger Rotwein, der sich auch zum Dessert eignet. Ich würde mich für den jüngsten Jahrgang des aus Sangiovese, Canaiolo nero und Cabernet toscano gekelterten Coltibuono rosso entscheiden.

MINESTRA DI FAGIOLI
E LATTUGA
Bohnen-Salat-Suppe

300 g Cannellini-Bohnen
50 g Bauchspeck
3 Rosmarinzweige
2 Knoblauchzehen
1 kleine Zwiebel
6 Thymianzweige
7 EL Olivenöl »extra vergine«
2 l leichte Fleischbrühe
3 Kopfsalatherzen
50 g Butter
80 g getrocknete Tagliatelle
Salz und Pfeffer

Die Bohnen über Nacht in kaltem Wasser einweichen, anschließend abgießen. Den Speck mit 2 Rosmarinzweigen, dem Knoblauch, der Zwiebel und dem Thymian fein hacken. Das Ganze mit 3 EL Öl einige Minuten bei milder Hitze glasig schwitzen. Die Bohnen mit dem dritten Rosmarinzweig dazugeben. Die Brühe angießen und 1½ Stunden leise köcheln lassen.

Die Hälfte der Bohnen passieren und wieder in den Topf geben. Die Salatherzen kurz in kochendem Wasser blanchieren. Abtropfen lassen, vierteln und in der Butter zugedeckt gar dünsten.

½ der Tagliatelle im restlichen Öl unter Rühren braten (sie zerbrechen dabei). Mit der restlichen Pasta, den Salatherzen, etwas Salz und Pfeffer in die Suppe geben. Einige Minuten kochen, bis die Pasta *al dente* ist. Sofort servieren.

ARISTA DI MAIALE
AL FINOCCHIO
Schweinskarree mit Fenchelsauce

1 Rosmarinzweig
4 Knoblauchzehen
Salz und Pfeffer

▷

2¹/₂ TL Fenchelsamen
1,2 kg Schweinskarree, Knochen mehrfach eingesägt
4 EL/50 g Butter
1 EL Olivenöl »extra vergine«
1 Fenchelknolle
12 cl Milch
22 cl Weißwein

Rosmarin und Knoblauch fein hacken. Mit Salz, Pfeffer und Fenchelsamen vermischen. Die Mischung in die Einschnitte im Fleisch verteilen. Den Braten mit der Hälfte der Butter und dem Öl in eine Fleischpfanne geben. Etwa 2 Stunden bei 170°C braten.

Den Fenchel grob hacken. Zugedeckt mit der restlichen Butter und etwas Wasser bei milder Hitze dünsten, bis er zart ist. Danach im Mixer mit der Milch glattrühren.

Den Braten, sobald er gar ist, aufschneiden und auf einer Platte anrichten. Warm stellen. Das Fett aus der Fleischpfanne gießen, den Bratensatz mit dem Wein ablöschen. Einige Minuten kochen, dann das Fenchelpüree einrühren. Die Sauce durch ein Sieb über den Braten gießen. Nach Belieben die restliche Sauce separat reichen.

PATATE ALL'ALLORO
Lorbeer-Kartoffeln

12 kleine Kartoffeln, ungeschält
12 frische Lorbeerblätter

4 EL Olivenöl »extra vergine«
Salz und Pfeffer

Den Ofen auf 180°C vorheizen. Die Kartoffeln waschen, abtrocknen und einmal längs tief einritzen. In den Einschnitt je 1 Lorbeerblatt geben, salzen und pfeffern. Das Öl in einer ofenfesten Form auf der Herdplatte erhitzen. Die Kartoffeln nebeneinander hineinsetzen. Etwa 1 Stunde im Ofen backen, bis sie goldbraun sind und sich leicht einstechen lassen. Das Schweinskarree damit umlegen und servieren.

CROSTATA DI PERE AL CIOCCOLATO
Birnen-Schokoladen-Torte

8 EL/125 g Butter
200 g Mehl
1 Ei
125 g Zucker
50 g Kakaopulver
50 g Orangenmarmelade
2 Birnen
Für den Schokoladenschaum:
100 g Bitterschokolade
4 EL/50 g Butter
2 Eier, getrennt
100 g Zucker

Aus Butter, Mehl, Ei, Zucker und Kakaopulver einen Teig herstellen. Eine 20 cm große Tortenform damit auskleiden und den Boden mit der Marmelade einstreichen. Die Birnen schälen, vierteln und auf den Teig legen.

Für die Füllung die Schokolade mit der Butter langsam schmelzen, danach erkalten lassen. Die Eiweiße steif schlagen. Die Eigelbe mit dem Zucker verquirlen. Schokolade und Eischnee unterziehen. Die Mischung über die Birnen verteilen. Die Torte etwa 40 Minuten bei 180°C backen.

Lorbeer-Kartoffeln

MENÜ FÜR
UNERWARTETEN BESUCH

PAPPA AL POMODORO
Brot-Tomaten-Suppe

SPIEDINI DI SALSICCE E FEGATELLI
Spießchen mit Schweinsleber und Bratwurst

PISELLINI ALL'OLIO E DRAGONCELLO
Erbsen mit Estragon und Öl

GELATO CON SALSA AL MIELE DI CASTAGNO
Sahneeis mit Kastanienblütenhonig

Die Gerichte dieses Menüs lassen sich ohne Mühe in einer Stunde zubereiten, die Zutaten sind einfach zu bekommen — mit Ausnahme des Schweinsnetzes, das aber nicht unbedingt erforderlich ist. Natürlich können Sie die Spießchen auch grillen.

Für die Suppe benötigen Sie unbedingt grobes Landbrot, sonst wird sie breiig. Zu Erbsen passen auch andere Kräuter, beispielsweise Pfefferminze, doch ist Estragon das klassische Sieneser Kraut.

Das Dessert ist absolut unkompliziert. Toskanischer Honig mit seinem angenehm bitteren Nachgeschmack bildet einen reizvollen Kontrast zu der sahnigen Eiscreme. Sie können aber ebenso jeden anderen Honig verwenden.

Weinempfehlung: Ein gut gekühlter Coltibuono bianco, ein Mischsatz aus traditionellen weißen Chianti-Trauben (Trebbiano und Malvasia) und dazu etwas Chardonnay, ist meine Empfehlung zum ersten Gang; zum Fleisch paßt ein junger Chianti Classico, und der ideale Wein zum Dessert ist der Coltibuono Vin Santo.

PAPPA AL POMODORO
Brot-Tomaten-Suppe

225 g altbackenes Landbrot
12 cl Olivenöl »extra vergine«
2 Knoblauchzehen
2 Salbeiblätter
1 kg reife Eiertomaten
1,4 l Fleischbrühe (siehe S. 189)
3 EL gehackter Thymian
Salz und Pfeffer

Das Brot in dünne Scheiben schneiden. Das Öl in einen Topf geben. Knoblauch und Salbei goldgelb dünsten. Das Brot hineinlegen und 2 Minuten das Öl aufsaugen lassen, dabei häufig wenden.

Die Tomaten 1 Minute in kochendes Wasser tauchen und häuten. Durch ein Sieb streichen und zum Brot geben. 5 Minuten kochen. Brühe und Thymian zufügen. Die Suppe etwa 30 Minuten auf kleiner Flamme kochen, gelegentlich rühren. Zuletzt abschmecken.

SPIEDINI DI SALSICCE E FEGATELLI
Spießchen mit Schweinsleber und Bratwurst

1 Schweinsnetz (ca. 50 cm)
6 Stücke Schweinsleber à 50 g
12 Scheiben Landbrot, in der Größe der Leberstücke zurechtgeschnitten
12 kleine Schweinsbratwürste
3 EL Olivenöl »extra vergine«
6 Zweige Fenchelkraut
Pfeffer

Das Schweinsnetz etwa 1 Stunde in kaltes Wasser legen, abtropfen lassen. In 6 Stücke teilen und damit jeweils 1 Leberstück einwickeln. Die Päckchen mit Zahnstochern fixieren.

Auf jeden Spieß jeweils eine Brotscheibe, ein Würstchen, ein Leberstück, ein zweites Würstchen und wieder eine Brotscheibe stecken. Pfeffern und großzügig mit Öl bestreichen. In jedes Leberstück 1 Zweig Fenchelkraut stecken.

Das restliche Öl in eine ofenfeste Form gießen. Die Spieße nebeneinander hineinlegen. Bei 180°C etwa 1 Stunde garen, dabei häufig mit dem Fond beträufeln. Sobald das Brot knusprig braun ist, die Spieße auf eine Platte legen und servieren.

PISELLINI ALL'OLIO E DRAGONCELLO
Erbsen mit Estragon und Öl

600 g ausgehülste Erbsen
1 kleine Zwiebel, gehackt
1 EL Zucker
2 Estragonzweige
4 EL Olivenöl »extra vergine«
1 EL gehackte Petersilie
Salz und Pfeffer

In einem Topf 2,5 cm Salzwasser aufkochen. Erbsen, Zwiebel, Zucker, Estragon und 1 EL Öl hineingeben. Etwa 5 Minuten kochen. Die Erbsen abgießen und in eine Schüssel füllen. Das restliche Öl, die Petersilie und Pfeffer untermischen und das Gemüse servieren.

GELATO CON SALSA AL MIELE DI CASTAGNO
Sahneeis mit Kastanienblütenhonig

6 Eigelb
1 l Sahne
150 g Zucker
20 cl Honig

Die Eigelbe kurz verquirlen. Sahne und Zucker erhitzen und die Eigelbe einrühren. Die Creme bei milder Hitze unter ständigem Rühren kochen, bis sie sich um den Löffel legt. In die Eismaschine füllen und nach Anleitung gefrieren.

Vor dem Servieren die Eiscreme in 6 Schalen verteilen. Den Honig stark erhitzen und sofort über die Eiscreme gießen. Das Dessert unverzüglich servieren.

Spießchen mit Schweinsleber und Bratwurst

Brot-Tomaten-Suppe

MENÜ
FÜR EIN SONNTAGSDINER

〜

MINESTRA D'UOVA
Verstärkte Hühnerbrühe

CINGHIALE IN DOLCEFORTE
Wildschwein in süß-pikanter Sauce

CIPOLLE RIPIENE AGLI AMARETTI
Zwiebeln mit Amaretti-Füllung

SORBETTO DI UVA
Traubensorbet

Mit Ausnahme der Suppe (die nur ein paar Minuten kochen muß), können die Gerichte dieses beeindruckenden herbstlichen Menüs frühzeitig vorbereitet werden. Sie können sich also in aller Ruhe Ihren Gästen widmen. Die Suppe, die ich gerne bereits in Tellern auftrage, und auch das Dessert sind leicht und erfrischend und bilden somit einen angenehmen Ausgleich zu dem eher üppigen, geschmacksintensiven Fleischgericht mit Beilage. Dabei harmoniert die süß-pikante Sauce auch gut mit anderem Wild, wie Hase oder Reh, und sogar mit gut abgehangenem Rindfleisch. Die Kombination stark gegensätzlicher Geschmackskomponenten, wie hier bei der Sauce oder auch bei den Zwiebeln und Amaretti, war typisch für die Küche der Renaissance.

Eleganter wirkt das Dessert, wenn Sie von dem Sorbet kleine Kugeln abstechen und diese wie eine Traube arrangieren. Das Sorbet schmeckt auch vorzüglich mit einer Sauce aus frischen Beeren.

Weinempfehlung: Ein Coltibuono rosato (Rosé) mundet ausgezeichnet zur Suppe. Wild verlangt nach einem vollmundigen, würzigen Rotwein. Ich plädiere für einen unserer Chianti Classico Riserva, vielleicht einen 1968er, oder den Sangioveto di Coltibuono mit seinem feinen Eichenaroma. Reichen Sie ein Glas

Zwiebeln mit Amaretti-Füllung

Coltibuono Grappa zum Dessert, mit dem Ihre Gäste auch gerne das Sorbet aromatisieren können.

MINESTRA D'UOVA
Verstärkte Hühnerbrühe

1,7 l Hühnerbrühe
4 Eier
50 g feine trockene Semmelbrösel
50 g geriebener Parmesan
5 cl Zitronensaft
abgeriebene Schale von 1 Zitrone
Salz und Pfeffer
3 EL frischer Thymian

Die Brühe in einem Topf aufkochen. Eier, Semmelbrösel, Parmesan, Zitronensaft und -schale in einer Schüssel vermischen, nach Geschmack salzen und pfeffern.

Die Suppe vom Herd nehmen. Die Eimischung gründlich mit dem Schneebesen einrühren. Die Suppe wieder auf den Herd stellen und unter Rühren aufkochen. In Suppentassen füllen, mit Thymian garnieren und unverzüglich auftragen.

CINGHIALE IN DOLCEFORTE
Wildschwein in süß-pikanter Sauce

1,5 kg Wildschwein oder Hase (zum Schmoren geeignet), in Stücke geteilt
2 Mohrrüben, grobgehackt
2 Stangen Bleichsellerie, grobgehackt
2 Zwiebeln, grobgehackt
1/2 Flasche guter Rotwein
4 EL Olivenöl »extra vergine«
1 TL Wacholderbeeren
2 Lorbeerblätter
Salz
1 TL schwarze Pfefferkörner

50 g Zucker
4 Knoblauchzehen, grobgehackt
12 cl Rotweinessig
50 g geraspelte Bitterschokolade
50 g Rosinen, in Wasser eingeweicht
50 g Dörrpflaumen ohne Stein, *in Wasser eingeweicht*
50 g Pinienkerne
1 EL Zitronat, feingehackt

24 Stunden vor der Zubereitung das Fleisch mit Mohrrüben, Sellerie und Zwiebeln in einen großen Topf geben. Den Wein angießen und das Fleisch 24 Stunden marinieren; gelegentlich wenden.

Am nächsten Tag das Fleisch aus der Marinade nehmen und trockentupfen. Das Öl in einem großen Schmortopf erhitzen, das Fleisch ringsum anbraten. Die Marinade durchseihen und das Gemüse mit den Wacholderbeeren, 1 Lorbeerblatt, Salz und Pfeffer zum Fleisch geben. Etwas Marinade dazugießen. Das Fleisch zugedeckt 1½ Stunden leise köchelnd gar schmoren. Dabei nach und nach die übrige Marinade angießen.

Das Fleisch in einen anderen Topf geben. Das Gemüse pürieren, über das Fleisch gießen und erneut erhitzen. In einem kleinen Topf Zucker mit Knoblauch und Lorbeer schmelzen, bis er leicht bräunt. Essig und Schokolade zufügen und einige Minuten kochen. Die Sauce mit Rosinen, Pflaumen, Pinienkernen und Zitronat zum Fleisch geben. Vor dem Servieren noch 10 Minuten leise köchelnd ziehen lassen.

Traubensorbet

CIPOLLE RIPIENE AGLI AMARETTI
Zwiebeln mit Amaretti-Füllung

6 mittelgroße rote Zwiebeln
12 Amaretti
1 Handvoll italienisches Weißbrot, in Milch eingeweicht und gut ausgedrückt
1 Ei
1 Prise geriebene Muskatnuß
Salz und Pfeffer
2 EL/25 g Butter

Die Zwiebeln in Wasser nicht zu weich kochen und halbieren. Aushöhlen. Der Rand sollte 5 mm dick sein. Abkühlen lassen.

Die Amaretti zerstoßen. Mit Brot, Ei, Muskatnuß, Salz und Pfeffer vermengen. Die Zwiebeln damit füllen und mit Butterflöckchen belegen. In eine gebutterte Ofenform setzen und etwa 40 Minuten bei 180°C backen.

SORBETTO DI UVA
Traubensorbet

1,5 kg blaue Trauben

22 cl Wasser
125 g Zucker
3 EL Zitronensaft
1 Eiweiß

Die Trauben 10 Minuten in Wasser und Zucker leise sprudelnd weich kochen. Auspressen und den Saft in eine eisgekühlte Schüssel laufen lassen. Den Zitronensaft zufügen. Die Mischung ins Gefrierfach oder in die Eismaschine geben. Wenn sie gefroren ist, in Stücke brechen und mit dem Eiweiß im Mixer cremig rühren. Erneut gefrieren und servieren.

SARDINIEN

CASA GUISO IN OROSEI

Speis und Trank bei einem religiösen Volksfest
auf dem Stammsitz von Don Giovanni Guiso

Natürlich könnten wir fliegen. Doch führt der einzig wahre Weg zu einer Insel über das Meer. Die Schiffsreise nach Sardinien bereitet keinerlei Probleme und ist dazu ein herrliches Erlebnis. Am besten nimmt man das Schiff, das kurz vor Mitternacht vom italienischen Festland ablegt und am nächsten Morgen kurz nach Sonnenaufgang in Olbia an der Ost-

küste der Insel festmacht. Der Steward weckt die Passagiere gegen 5 Uhr früh, gerade rechtzeitig für einen ersten Blick auf die massigen Vorgebirge, die in der frühen Dämmerung schemenhaft aus dem Meer aufsteigen, gleichsam als Vorboten des geheimnisvollen Zaubers, der diese Insel, alles und jeden hier, umfängt.

Wir sind auf dem Weg nach Orosei, et-

Die kleine Flotte festlich geschmückter Fischerboote auf ihrem Weg zur Kapelle von Santa Maria 'e Mare
an der Mündung des Cedrino. Oben: Der Altarraum der Kapelle

wa auf halber Höhe an der Ostküste gelegen, um einen lieben Freund von mir, Don Giovanni Guiso, auf seinem Stammsitz zu besuchen. Es ist das letzte Wochenende im Mai, an dem jedes Jahr unter seiner Schirmherrschaft das religiöse Fest zu Ehren der Muttergottes *Santa Maria 'e Mare* gefeiert wird.

Don Giovanni — oder Nanni, wie ihn seine Freunde nennen — ist eine außergewöhnliche Persönlichkeit. Geboren wurde er in Orosei, wo seine Vorfahren jahrhundertelang als Barone über das umliegende, *Baronia* genannte Gebiet herrschten. Hier verbrachte er seine Jugendzeit, bevor er nach Rom ging, um Jura zu studieren. Danach ließ er sich an einem Ort nieder, dessen Geist, wie er meinte, dem seinen sehr nahestand: Siena, eine Stadt mit noch menschengerechten Ausmaßen, elegant, kultiviert, kulturell und künstlerisch lebendig.

In seiner Wahlheimat lebt Nanni im obersten Stock eines mittelalterlichen Palazzo. Die fünf Erkerfenster seiner Wohnung gewähren einen herrlichen Blick über die *Piazza del Campo,* einen der Welt schönsten Plätze, den er in aller Bescheidenheit als »Hof« seines Domizils bezeichnet. Dekoriert hat er das behagliche, von schlichter Eleganz durchdrungene Interieur mit seiner Sammlung kostbarer Zeichnungen, unter anderem einem Picasso.

In seiner nur wenige Kilometer außerhalb Sienas gelegenen herrlichen Renaissancevilla hat Nanni ganz andere Objekte zusammengetragen, die ihn sein Leben lang faszinierten: mehr als dreißig Miniaturtheater, etwas Spielzeug, und einige Schattentheater, darunter eines mit beinahe lebensgroßen Figuren. Mit großem Vergnügen inszeniert er damit Opern für seine Freunde.

Auch bei dem Fest von *Santa Maria 'e Mare* führt Nanni Regie. Alles begann vor beinahe fünfzehn Jahren, als Giuseppina Manca, Lehrerin an der Grundschule von Orosei, mit ihren Schülern bei Nanni und seinem Bruder schriftlich anfragte, ob sie bereit wären, die alte Familienkapelle von *Santa Maria 'e Mare* zu restaurieren, die sich, halb verfallen, auf einem Plateau etwa anderthalb Kilometer von der Stadt entfernt dort, wo der Cedrino ins Meer mündet, erhebt.

Mit Begeisterung griff Nanni den Vorschlag auf. Zwei Jahre darauf war die schlichte Kapelle in ihrem Originalzustand wiederhergestellt und der hübsche ummauerte Garten bepflanzt. Sogar die kleinen, liebevoll nachgebildeten Boote, die sich im Laufe der Zeit als Dank für gewährtes Glück angesammelt hatten, waren wieder an den Wänden des Kirchleins angebracht worden. Nanni beließ es aber nicht bei der Restaurierung der Kapelle, sondern ließ auch die Tradition des Festes zu Ehren der Muttergottes wieder aufleben.

Jedes Jahr lädt er dazu etwa zwanzig Freunde für das Wochenende auf seinen Familienstammsitz ein. Das aus Stein und Lehm erbaute, hell getünchte Gebäude datiert aus dem 17. Jahrhundert und besteht eigentlich aus den beiden Elternhäusern seines Großvaters und seiner Großmutter, die bei deren Hochzeit miteinander verbunden wurden. Im Inneren erblickt man ein erstaunliches Nebeneinander von Stücken verschiedenster Stile, Epochen und Herkunft, die von den Auslandsreisen seiner Eltern und Großeltern erzählen und auch seine Sammelleidenschaft für seltene sardische Stücke widerspiegeln. Am besten gefällt mir jedoch der weite Hof mit seinen bezaubernden Bougainvilleas, Kakteen, Geranien, Oleandern, zahllosen anderen üppig blühenden Pflanzen und der alles überragenden Palme, in deren Schatten ich am liebsten meine Mußestunden in Orosei genieße, während mich eine überwältigende Fülle von Düften und Farben umfängt. Als ein Freund von mir sich bei dem Dorfpolizisten nach dem Weg zu Nannis Haus erkundigte, bekam er die Anweisung, an der ersten Straße links abzubiegen und ihr hügelan zu folgen, bis er einen starken Jasmingeruch wahrnehme. Dann wäre er beim Haus von Don Giovanni Guiso angekommen.

Im Laufe der Jahrhunderte waren viele illustre Persönlichkeiten hier zu Gast. Die Sarden sind berühmt für ihre Gastfreundschaft, und in dieser bis vor kurzem noch relativ unberührten Gegend war das Haus der Guiso weit und breit das einzige, in dem wichtiger Besuch bequem untergebracht war. D. H. Lawrence kam hier vorbei, während er *Das Meer* und *Sardinien* schrieb. Bezeichnenderweise war seine Beurteilung von Orosei sehr zwiespältig.

Bei seiner Ankunft schilderte er es als »heruntergekommenes, sonnengedörrtes, gottverlassenes Städtchen… mit ein paar mürrischen Einwohnern, die einem nicht einmal einen Kanten Brot geben«. Als er diesen Ort verließ, schwelgte er in lyrischen Tönen: »Oh, wundervolles Orosei der Mandelbäume und des schilfigen Flusses, der im weißen Licht des nahen Meeres verströmt, entlegene Welt, längst vergangen, Klang einer verklingenden Legende!« Ob es wohl ein köstliches Mittagsmahl mit einer guten Flasche Wein im

Während der Messe, die im Garten der Kapelle zelebriert wird, erklingen die Lobgesänge der Fischer im sardischen Dialekt

Casa Guiso

Hause der Guiso war, das seinen Stimmungsumschwung bewirkte?

Bei Nanni ißt man wirklich ausgezeichnet, denn er ist, neben den vielen anderen Seiten seiner Persönlichkeit, auch Feinschmecker und Präsident der Sieneser *Accademia della Cucina Italiana*. Für Nannis Gäste beginnen die Festivitäten am Samstag mit einem Abendessen. Zunächst gibt es eine köstliche Variante der für Sardinien so typischen Brotsuppen: Sie besteht aus abwechselnden Lagen von Bauernbrot und Schafskäse, die mit Lammfleischbrü-

he übergossen, im Ofen gebacken und zuletzt mit Fenchel gewürzt werden.

Zum Hauptgericht serviert Nanni, einer inzwischen unverrückbaren Tradition folgend, *aragosta* (Hummer). Sardinien ist, wie jeder weiß, mit dem größten Fischreichtum Italiens gesegnet, der sowohl aus dem noch sauberen Meer als auch aus den frischen Gebirgsflüssen stammt, und seine Hummer zählen zu den schmackhaftesten des ganzen Mittelmeerraums. Der König unter den Krustentieren kommt häufig in den aufwendigsten Verkleidungen daher,

was die edlen Exemplare dieser Gewässer jedoch nicht nötig haben. Bernardina, Nannis Köchin, serviert sie einfach mit einer Sauce aus Olivenöl, Salz und etwas Zitronensaft.

Giuseppina, die seit jenem schicksalhaften Brief eine enge Freundschaft mit Nanni verbindet und als seine rechte Hand bei der Organisation der *festa* mithilft, hat zum Dessert eine Spezialität aus dem nahegelegenen Nuoro, ihrer Heimatstadt, mitgebracht: Gebäck aus Mandeln, Zucker und Honig, das mit zauberhaften

Gebäck aus Nuoro

übergossen und heiß aufgetragen. Ein leicht gekühlter, ins Liebliche spielender Cannonau rosato (Rosé) aus Nannis eigener Produktion rundet das gesamte Büfett harmonisch ab.

Nun ist es beinahe Zeit für das Hauptereignis der *festa*. Unterhalb des Dorfes an der Brücke über den Cedrino versammelt sich soeben eine kleine Flotte von Fischerbooten. Ein jedes ist von einem Bogen aus farbenprächtigen wilden Blumen überspannt. Stolz führen die Fischer in ihren eindrucksvollen Kostümen das Ruder. Sie sind mit schwarzen Leinenkniehosen, weißen Hemden und leuchtendroten Westen bekleidet. In jedem Boot sitzt eine Schar Frauen mit zinnoberroten Röcken und wunderschön bestickten Blusen bekleidet.

In einem der Boote, dem einzigen, das, um die Sicht freizuhalten, nur mit einer scharlachfarbenen Fahne geschmückt ist, befindet sich die »Hauptperson«: die Statue der Santa Maria 'e Mare, eine Kopie des aus dem 17. Jahrhundert stammenden lebensgroßen Originals, das in der Kapelle steht. Mein Platz, wie auch der Nannis und seiner Familie, ist in einem Boot für weniger bedeutende Persönlichkeiten.

Gegen fünf Uhr nachmittags setzt sich die Prozession langsam in Richtung der Kapelle von *Santa Maria 'e Mare* in Bewegung. Insgesamt sind es etwa fünfzehn geschmückte Boote, denen einige andere folgen. Es ist herrlich anzusehen, wie die Prozession zwischen den Weiden, die die Ufer säumen, hindurchgleitet. Viele Einwohner von Orosei, in der Mehrzahl Frauen, folgen zu Fuß. Der schwarzen Kleidung nach zu urteilen, sind etliche von ihnen Witwen. Jetzt stimmen die Fischer alte Gesänge zu Ehren der Muttergottes an. Es sind seltsam monotone, schwermütige Klänge, zu denen sie im sardischen, spanisch und arabisch gefärbten Dialekt singen. Sie erhalten Antwort von den Frauen, die ihnen auf dem Uferweg folgen, in einem Gesang, der zuweilen anschwillt und dann wieder verebbt. Die Ruderschläge, die Gesänge und der

spitzenartigen Mustern aus Zuckerguß verziert ist. Manche dieser kleinen Meisterwerke besitzen eine Herzform, einige sehen wie Blüten und andere wiederum wie Fische aus. In jeder Gegend Sardiniens formt und dekoriert man dieses Festtagsgebäck immer wieder anders.

Am nächsten Morgen beginnt eine Ausstellung von Büchern mit Illustrationen berühmter Kubisten, die Nanni als zusätzlichen kulturellen Beitrag zu dem traditionellen religiösen Fest organisiert hat. Sämtliche Würdenträger der Umgebung sind bei der Eröffnung zugegen und werden zu einem anschließenden Büfett in der Villa eingeladen. Es wird einige meiner bevorzugten Gerichte geben.

Als erster Gang werden zwei traditionelle Pasta-Arten serviert: *malloreddus* (sardische Gnocchi) und *macarones de busa* (handgerollte dünne Makkaroni), dazu zwei verschiedene Saucen. Echte, hausge-

machte *malloreddus* tragen ein unverkennbares Merkmal: feine Riefen, die entstehen, wenn die Gnocchi mit dem Daumen gegen die Innenwölbung eines handgeflochtenen sardischen Korbes gedrückt werden.

Was wäre ein Besuch auf Sardinien, ohne die frischen Sardinen zu kosten, jene kleinen Fische, die nach dieser Insel benannt sind? Heute gibt es sie zum zweiten Gang, mit Olivenöl, Semmelbröseln und Petersilie gebacken und begleitet von gratinierten Auberginenscheiben.

Zum Dessert hat Bernardina eine jener regionalen Spezialitäten vorbereitet, die allein schon die Reise hierher lohnen. Ihr Name lautet *sebada,* manchmal auch *seada*, und sie vereint zwei Zutaten, die zunächst als sonderbares Paar erscheinen: Käse und Honig. Kugeln aus Schafskäse werden in Mehl gewälzt, schwimmend ausgebacken, mit aromatischem Wildblütenhonig

Klang der Schritte verschmelzen zu einem einzigen Rhythmus von ehrfurchtgebietender Schönheit.

Kurz bevor der Fluß ins Meer mündet, legen die Boote an, und die Marienstatue wird den Hügel hinauf zur Kapelle getragen. Inzwischen sind aus den benachbarten Dörfern und Städten mehrere hundert Menschen zusammengekommen, die sich im Garten versammeln, um die Messe zu feiern. Wieder singen die Männer ihre Hymnen, diesmal jedoch angeführt von einem Kantor mit einem lieblichen Tenor.

Währenddessen entfachen Männer unten zwischen Fluß und Meer riesige Holzkohlefeuer für das größte Fischessen, das ich jemals gesehen habe. Unmengen verschiedenster Fische — ich erkenne unter anderem Meeräsche, Meerbrassen und gelegentlich eine Forelle aus dem Cedrino — werden auf den Rosten mit großen harkenähnlichen Geräten gewendet. Auch *polpi*, kleine Tintenfische, sind reichlich vertreten. Als weitere Spezialität gibt es Muschelsalat, der aus bunt gemischten Schaltieren zubereitet ist und auf dicken Scheiben derbem Bauernbrot angeboten wird. Früher einmal stellte Nannis Familie den Fisch, doch heute wird er von den Fischern der Gegend als Dank an die Muttergottes für den Fischreichtum des sardischen Meeres und für die Sicherheit der Männer, die sich ihm anvertrauen, gespendet.

Es gibt genug Wein für alle (Nannis Beitrag), und die bei Volksfesten unvermeidlichen Verkäufer von Süßigkeiten haben ihre Stände an der Straße aufgestellt. In der ersten Abenddämmerung beginnt der Tanz. Da jedoch selbst in diesem abgelegenen Küstenstrich Disco-Klänge dominieren, verlassen wird das Fest lieber, bevor der Zauber dieses Tages zerbricht.

Früh am nächsten Morgen brechen ein paar Freunde, die erst die Abendfähre zum Festland nehmen, mit Nanni zu einem Picknick an einem höchst ungewöhnlichen Ort auf. Das Auto bringt uns nur ein Stück des Weges. Wir stellen es in

Der Salon der Casa Guiso

Küstennähe ab und steigen über Felsen weiter nach oben. Bald erreichen wir ein Grasplateau — und da liegt sie: Nannis *nuraghe,* eine prähistorische, aus riesigen Steinblöcken errichtete Siedlung, die typisch für Sardinien und insbesondere für diesen Teil der Insel ist. Von dem Plateau aus, das seit Generationen im Besitz von Nannis Familie ist, genießt man, da es steil abfällt, einen einzigartigen Blick über das weite Meer.

Aber uns erwartet noch eine weitere Überraschung. Vittorio, Bernardinas Ehemann, ist hier seit dem Morgengrauen mit den Vorbereitungen für unser Picknick beschäftigt. Es gibt *die* Spezialität der Insel schlechthin: *porceddu* (Spanferkel). Zunächst mußte er die Grube für das Feuer graben, neben dem das Spanferkel dann, mit Myrtenzweigen bedeckt, auf einem senkrecht in die Erde gerammten

Spieß langsam gebraten wird. Bernardina hat vom Dorfbäcker Stapel flacher, ohne Hefe gebackener Fladen mitgebracht, die, weil sie so dünn sind, *carta da musica* (Notenpapier) genannt werden.

Wie sardische Schäfer setzen wir uns nieder und essen, mit Blick auf die *nuraghe, porceddu* zwischen *carta da musica* (Caterina de'Medicis Besteck wäre hier fehl am Platz). Und einen Moment lang zumindest fühlen wir uns außerhalb von Zeit und Raum.

Nach Hause zurückgekehrt, stellt sich mir ein Problem. Ich möchte Nanni gerne ein Dankeschön für das wunderbare Wochenende schicken. Doch was kann man jemandem schenken, der schon alles hat — sogar eine *nuraghe …*

**MENÜ FÜR EIN
SARDISCHES ABENDESSEN**

ZUPPA D'AGNELLO
Lammsuppe mit Pecorino und Brot

ARAGOSTA DELLA BERNARDINA
Hummer mit Kräutersauce

FAVE CON CICORIA
Bohnen-Endivien-Tomaten-Gemüse

CROCCANTINI DI NUORO
Knuspriges Mandelkonfekt

Hummer ist etwas so Exquisites, daß das übrige Menü zurückhaltend gestaltet werden sollte. Vor allem aber darf die Sauce seinen delikaten Geschmack nur unterstreichen, auf keinen Fall jedoch übertönen. Da die Suppe nur wenig Flüssigkeit enthält, ist sie weniger sättigend, als man zunächst meint. Der Fenchel verleiht ihr nicht nur ein feines Aroma, sondern regt darüber hinaus den Appetit an. Verarbeiten Sie die Lammkeule am nächsten Tag mit Kartoffelpüree, Käse und etwas Petersilie zu Kroketten. Das Gemüse mit seinem angenehm scharfen Geschmack besitzt eine anregende Wirkung, und das hübsche Gebäck belastet kaum.

Weinempfehlung: Reichen Sie zur Suppe und zum Hummer einen fruchtigen Weißwein, zum Beispiel Vermentino. Es gibt sogar einen Wein namens Aragosta. Sardinien ist bekannt für seine ausgezeichneten Dessertweine. Malvasia di Bosa mit seinem Nachgeschmack nach gerösteten Mandeln ist die ideale Ergänzung zum Gebäck.

ZUPPA D'AGNELLO
Lammsuppe mit Pecorino und Brot

1 Lammkeule
1 Mohrrübe
1 Stange Bleichsellerie
1 kleine Zwiebel
1 Bund wildes Fenchelkraut (oder 1 Fenchelknolle)
3 l Wasser
Salz und Pfeffer
12 dünne Scheiben italienisches Brot
12 sehr dünne Scheiben frischer Schafskäse (Pecorino)

Die Lammkeule halbieren. Mohrrübe, Sellerie und Zwiebel grob hacken. Mit dem Fleisch, der Hälfte des Fenchels, dem Wasser, Salz und Pfeffer in einen Topf geben. Aufkochen und bei milder Hitze 2 Stunden garen. Die Brühe durchseihen und abkühlen lassen. Das Fett abschöpfen.

Die Brot- und Käsescheiben abwechselnd in eine ofenfeste Form schichten. Mit der Brühe übergießen. 20 Minuten bei 180°C backen. Den restlichen Fenchel fein hacken und vor dem Servieren über die Suppe streuen.

ARAGOSTA DELLA BERNARDINA
Hummer mit Basilikumsauce

4 l Wasser
1 Flasche trockener Weißwein
3 lebende Hummer à ca. 1 kg
Salz und Pfeffer
12 EL Olivenöl »extra vergine«
1 EL gehacktes Basilikum
Saft von ½ Zitrone
2 Knoblauchzehen
4 Walnüsse, gehackt
2 EL Pinienkerne
2 Sardellenfilets in Öl

Wasser und Wein mit etwas Salz in einen weiten Topf geben und aufkochen. Die Hummer hineinwerfen, etwa 20 Minuten garen und abtropfen lassen. Inzwischen die übrigen Zutaten im Mixer fein pürieren.

Die Hummer behutsam auslösen, so daß die unteren Schalenhälften möglichst erhalten bleiben. Das Fleisch in Scheiben schneiden und wieder in die Schalen legen. Die Sauce separat reichen.

FAVE CON CICORIA
Bohnen-Endivien-Tomaten-Gemüse

3 kg dicke Bohnen, ausgehülst
1 kleine Endivie (300 g)
Salz und Pfeffer
3 reife Tomaten
4 EL Olivenöl »extra vergine«

Bohnen und Endivie in sprudelndem Salzwasser 5 Minuten kochen. Abtropfen lassen. Endivie ausdrücken und grob hacken, Bohnenkerne enthäuten.

Tomaten häuten und hacken. Salzen und abtropfen lassen. Öl in einer Kasserolle erhitzen. Bohnen und Endivie etwa 10 Minuten zugedeckt bei milder Hitze dünsten. Tomaten zufügen, pfeffern und einige Minuten ohne Deckel weiter garen. Das Gemüse in eine Schüssel füllen und servieren.

CROCCANTINI DI NUORO
Knuspriges Mandelkonfekt

400 g abgezogene Mandeln
250 g Zucker
200 g Puderzucker
3 EL Wasser
1 EL Mandelöl

Den Ofen auf 200°C vorheizen. Die Mandeln goldbraun rösten und fein hacken. Den Zucker in einer schweren Pfanne schmelzen, bis er leicht karamelisiert. Die Mandeln einrühren. Die Masse auf eine mit Mandelöl bestrichene glatte Fläche gießen.

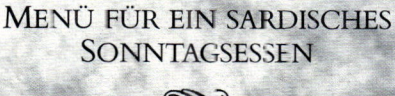

MENÜ FÜR EIN SARDISCHES SONNTAGSESSEN

MALLOREDDUS E MACARONES DE BUSA
Sardische Gnocchi und Makkaroni
mit zwei Ricotta-Saucen

SARDE AL PANGRATTATO
Überbackene Sardinen

MELANZANE AL POMODORO
Auberginen mit Mozzarella und Tomatensauce

SEBADAS
Ausgebackene Käsescheiben mit Honig

Knuspriges Mandelkonfekt

Schnell auf 2,5 cm Dicke egalisieren. Bevor die Masse völlig erstarrt, mit Plätzchenformen, die sorgfältig mit Mandelöl bestrichen sind, Herzchen und andere Formen ausstechen.

Puderzucker und Wasser zu einem dicken Zuckerguß verrühren. In einen Dressiersack mit feinster Tülle füllen und das Konfekt mit spitzenartigen Mustern garnieren. Auf einem Gebäckteller servieren.

Wie in ganz Süditalien üblich, bildet die Pasta den Schwerpunkt des Menüs. Da die Herstellung der *macarones* einiges an Zeit und Geschick erfordert, können Sie ersatzweise auch fertige *bucatini* verwenden. Die Gnocchi sind recht schnell gemacht, wobei Sie das traditionelle Muster imitieren können, indem Sie die Pastastückchen gegen die innere Rundung von Gabelzinken drücken.

Eine klassische Ergänzung zu diesen Pasta-Arten ist Tomatensauce, doch typischer für Sardinien ist Ricottacreme.

Sardinen werden überall in Italien immer wieder anders zubereitet, wobei nachfolgendes Rezept das einfachste und schmackhafteste ist. Bei frischen, jungen Auberginen erübrigt sich das langwierige Einsalzen und Entwässern, das ihnen ihr Aroma nimmt und sie leicht matschig werden läßt.

Eine Alternative zu den *sebadas:* Grillen Sie Scheiben von festem, jungen Pecorino, bis sie leicht bräunen und Blasen werfen, und beträufeln Sie sie mit Honig.

Weinempfehlung: Ein gekühlter Rosé, speziell der Cannonau di Sardegna rosato. Er wird auch als dolce (süß) angeboten und paßt dann ausgezeichnet zu den *sebadas.*

Sardische Gnocchi und Makkaroni

SARDE AL PANGRATTATO
Überbackene Sardinen

1 kg frische Sardinen
6 EL Olivenöl »extra vergine«
125 g feine getrocknete Semmelbrösel
2 EL feingehackte Petersilie
Salz und Pfeffer

Die Sardinen von den Köpfen befreien. Aufschneiden und die Mittelgräte, nicht aber den Schwanz entfernen. Waschen und trockentupfen. Eine runde Backform leicht einölen und die Sardinen hineinlegen. Mit Semmelbröseln, Petersilie, Salz und Pfeffer bestreuen. Mit dem restlichen Öl beträufeln. 20 Minuten bei 200°C backen und sofort servieren.

MELANZANE AL POMODORO
Auberginen mit Mozzarella und Tomatensauce

1 kleine Zwiebel
2 Knoblauchzehen
3 EL Olivenöl »extra vergine«
1 kg reife Eiertomaten
2 EL gehackter Estragon
3 dicke Auberginen
300 g Mozzarella
Salz und Pfeffer
18 frische Basilikumblätter

Zwiebel und Knoblauch hacken. Das Öl in einem Topf erhitzen. Zwiebel und Knoblauch langsam glasig dünsten. Tomaten häuten und grob zerkleinern. Mit dem Estragon in den Topf geben und kochen, bis der Saft verdampft ist.

Auberginen in 18 Scheiben von 1 cm Dicke schneiden. Einige Minuten unter dem Grill garen, dabei einmal wenden. Die Scheiben auf Alufolie legen. Jeweils 1 dünne Mozzarellascheibe und einen Klecks Sauce daraufgeben. 5 Minuten bei 200°C überbacken. Auf eine Platte legen, salzen und pfeffern. Mit dem Basilikum garnieren und servieren.

MALLOREDDUS E MACARONES DE BUSA
Sardische Gnocchi und Makkaroni mit zwei Ricotta-Saucen

¹/₂ kg Hartweizengrieß
12 cl Wasser
300 g Ricotta
1 Prise gemahlener Safran
2 EL feingehackte Petersilie
6 EL Olivenöl »extra vergine«

Wasser und Grieß vermengen und den Teig mindestens 10 Minuten kneten, bis er glatt und elastisch wird. Zu einer Kugel formen und mit einer Schüssel bedecken, damit er bis zur Verarbeitung feucht bleibt (siehe S. 188). Den Teig zu zwei dünnen Platten ausrollen. Für die Gnocchi haselnußgroße Stücke abschneiden und diese jeweils gegen die innere Wölbung von Gabelzinken drücken. Für die sardischen Makkaroni Teigstücke dünn um eine Stricknadel rollen und abstreifen. Die beiden Pasta-Sorten separat in reichlich kochendem Salzwasser *al dente* garen.

Für die Sauce den Ricotta mit 6 EL des Pastawassers verrühren. In zwei gleiche Portionen teilen. Den Safran in 1 EL Pastawasser auflösen und unter die eine Ricottahälfte mischen. Die Petersilie unter die zweite Hälfte rühren. Die Saucen separat im Wasserbad erhitzen.

Die Pasta abgießen, in zwei Schüsseln füllen und das Öl unterziehen. Die Safransauce über die Gnocchi, die Petersiliensauce über die Makkaroni gießen.

Überbackene Sardinen

Ausgebackene Käsescheiben mit Honig

ANREGUNGEN FÜR EIN
SARDISCHES BARBECUE

∾

Am Meer:
INSALATA DI MOLLUSCHI
Muschelsalat

POLPO ALLA GRIGLIA
Gegrillter Tintenfisch

Im Gebirge:
PORCEDDU
Spanferkel

SEBADAS
Ausgebackene Käsescheiben
mit Honig

200 g sehr junger Pecorino (oder Emmentaler)
1 EL Grieß
300 g Mehl
2 EL/25 g Schmalz
Öl zum Ausbacken
200 g Honig mit herbem Aroma, möglichst Kastanienblütenhonig

Den Käse mit dem Grieß und etwas Wasser in einem Topf langsam schmelzen, bis sich eine dicke Creme ergibt. Vom Herd nehmen. Die Handflächen anfeuchten und den Käse eßlöffelweise zu dünnen Scheiben formen.

Mehl, Schmalz und Wasser zu einem glatten, elastischen Teig verkneten. Diesen wie bei der Pastaherstellung zu zwei dünnen Blättern ausrollen. Auf dem einen in regelmäßigen Abständen die Käsescheiben verteilen. Das andere Teigblatt darüberlegen und andrücken, so daß sämtliche Luft entweicht. Mit einem Teigrädchen etwa 10 cm große Scheiben ausschneiden.

Diese portionsweise in sehr heißem Öl ausbacken und auf Küchenkrepp abtropfen lassen. Auf einem Teller anrichten, mit dem Honig übergießen und heiß servieren.

Natürlich gibt es nichts Schöneres, als Fleisch oder Fisch im Freien über der Holzkohlenglut zu grillen. Doch auch der Muschelsalat, üppig auf Brotscheiben gehäuft, ergibt einen köstlichen Imbiß für ein Strandpicknick. Das Spanferkel schmeckt kalt, wenn Gewürze und Knoblauch ihr Aroma so richtig entfaltet haben, ganz besonders gut.

Zu diesen Speisen passen am besten schlichte Beigaben: zum Tintenfisch junge Kartoffeln, die Sie in der Schale kochen und anschließend mit Butter und feingehackter Petersilie abrunden, oder ein Salat aus knackigen, nur mit etwas Salz, Olivenöl und Zitronensaft angemachten *fagiolini* (grünen Bohnen); zum Spanferkel stellen Sie einen schlichten Blattsalat mit viel Rucola bereit. Vergessen Sie nicht das Brot: zum Fisch kräftiges Weißbrot und zum Spanferkel dünne, knusprige Fladen. Zum Dessert reichen Sie frisches Obst — Kirschen oder Melonen — und trockenes italienisches Mandelgebäck, das Ihre Gäste in den Wein tunken.

Weinempfehlung: Packen Sie einen Nuraghe majore, einen trockenen, fruchtigen, leicht aromatischen Weißwein (benannt nach den prähistorischen Steinbauten Sardiniens), in Ihren Picknickkorb; zum Spanferkel einen trockenen Cannonau superiore und zum Dessert einen der zahlreichen sardischen Muskatellerweine.

INSALATA DI MOLLUSCHI
Muschelsalat

¹/₂ Flasche Weißwein oder Rosé
1 Bund, dazu 2 EL gehackte Petersilie
1 kg Jakobsmuscheln
1 kg Venusmuscheln
1 kg Miesmuscheln
1 kg Meerdatteln (oder andere kleine Muscheln Ihrer Wahl)
Salz und Pfeffer
Saft von 1 Zitrone
8 EL Olivenöl »extra vergine«

Wein und Petersilienstengel in vier Töpfe verteilen. Die vier Muschelsorten separat darin kochen, bis sich die Schalen öffnen. Die Muscheln abtropfen lassen und auslösen, noch geschlossene Exemplare wegwerfen. 3 EL des Muschelsuds durchseihen und beiseite stellen.

In einem Topf etwas Salz im Zitronensaft auflösen. Die gehackte Petersilie, das Öl, Pfeffer und die 3 EL Muschelsud dazugeben. Die Muscheln auf einer Platte vermischen, mit der Sauce übergießen und servieren. Dazu kräftiges Weißbrot reichen.

POLPO ALLA GRIGLIA
Gegrillter Tintenfisch

Saft von 1 Zitrone
4 EL Olivenöl »extra vergine«
Salz und Pfeffer
1 kg Tintenfische

Zitronensaft, Olivenöl, Salz und Pfeffer verrühren. Die Tintenfische von Mund und Augen befreien und weich klopfen. Längs halbieren und mindestens 2 Stunden in der vorbereiteten Marinade beizen.

Die Tintenfische etwa 10 Minuten über der heißen Holzkohlenglut grillen. Häufig wenden und mit der Marinade einstreichen. In mundgerechte Stücke teilen und servieren.

PORCEDDU
Spanferkel

1 Handvoll Knoblauchzehen, gehackt
einige Rosmarinzweige, gehackt
1 Spanferkel von ca. 3 kg
einige Lorbeerblätter
1 Handvoll Salz

Knoblauch, Rosmarin und Salz vermischen. Das Spanferkel damit einreiben. Das Tier mit den Lorbeerblättern spicken und die Beine fest zusammenbinden.

Im vorgeheizten Ofen bei 180°C etwa 1¹/₂ Stunden garen. Die Temperatur auf 200°C erhöhen und das Spanferkel weitere 10 Minuten knusprig bräunen. Die Lorbeerblätter entfernen, das Fleisch aufschneiden und servieren. Eventuelle Reste schmecken auch kalt ganz vorzüglich.

Spanferkel

UMBRIEN

LA CANONICA IN TODI

*Bunte Küche in einem ehemaligen Kloster, dem Heim des
Malers Piero Dorazio und seiner Frau Giuliana*

Ein Aufenthalt in Umbrien kann für einen Toskaner recht heikel werden und erfordert zweifellos eine gewisse Diplomatie, denn die Frage, welche der beiden Regionen die schönere ist, ist seit jeher Gegenstand leidenschaftlicher Diskussionen.

Geographisch wie auch kulturell betrachtet besitzen sie viele Gemeinsamkeiten. Die eine wie die andere kann sich einer herrlichen, teils unberührten, teils kultivierten Landschaft rühmen. Wie in der Toskana, so sind auch in Umbrien die Hügel von alten malerischen Städten mit zahlreichen architektonischen Meisterwerken gekrönt — Perugia, Orvieto, Assisi, Gubbio, Spoleto, Todi. Und Umbrien hat ebenfalls große Künstler hervorgebracht: Piero della Francesca, Signorelli, Perugino, Pinturicchio Beide Regionen erzeugen wunderbare Weine und feinstes Olivenöl und zeichnen sich durch eine Kü-

*Das Kloster bei Todi scheint über dem
herbstlichen Morgennebel zu schweben. Oben: La Canonica*

Über umbrische Dachziegel hinweg wandert der Blick nach Todi

che aus, deren hervorragende Qualität vor allem auf der Güte und Frische der einfach, aber gekonnt zubereiteten heimischen Zutaten beruht.

In ihrem Wesen aber sind beide Regionen grundverschieden. Umbrien ist weicher als die Toskana, die zuweilen eher schroff wirkt. Es strahlt auch eine gewisse Ruhe und Heiterkeit aus, die man in der Toskana nicht findet. Die Hauptstädte der toskanischen Provinzen – dies ein weiteres Unterscheidungsmerkmal – stellen meist große Handelszentren dar, während die Umbriens kleiner sind, das Kunsthandwerk in den Vordergrund rücken und mehr Unbeschwertheit an den Tag legen. Und nicht von ungefähr stammen die großen Humanisten (und Bankiers!) der Renaissance aus der Toskana, während der heilige Franz von Assisi ein Sohn Umbriens war.

Mein umbrischer »Nachbar«, der international anerkannte Maler Piero Dorazio, zog vor beinahe zwanzig Jahren von seiner Geburtsstadt Rom hierher, angezogen von einer ländlichen Gemeinschaft, wie sie in der Toskana kaum noch, wenn überhaupt, zu finden ist. Auf ihrem kleinen Bauernhof im Hügelland vor den Toren der alten, pittoresken Stadt Todi sind er und seine Frau Giuliana von Nachbarn umgeben, die ihr eigenes Land bestellen und stolz sind auf das, was es hervorbringt. Dieses Kleinbauerntum schafft eine Lebensqualität, die die Toskana nicht zu bieten vermag. Denn dort war das Land einst im Besitz einiger weniger Adelsfamilien und wurde von Halbpächtern bewirtschaftet. Als die bestehende Ordnung nach dem Krieg zusammenbrach, gingen die Bauern in die Städte, und die kleinen Gehöfte mit der damit verbundenen Lebensart verschwanden buchstäblich von der toskanischen Bildfläche.

Neben ausgedehnten Olivenhainen und Weinbergen gehören zum Hof der Dorazios eine kleine Menagerie von Nutztieren — Schweine, Ziegen, Gänse, Hühner, Truthähne, Perlhühner — sowie ein großer Obst- und Gemüsegarten. Was sie nicht selbst erzeugen, bekommen sie in der unmittelbaren Nachbarschaft. Es gibt eine Frau im Dorf, die in einem alten Steinbackofen Brot bäckt, eine in der Nähe lebende Schäferfamilie, die Pecorino herstellt, den Fischhändler des Dorfes, der fangfrische Forellen aus dem nahegelegenen See liefert (und auf Anfrage sogar einen frischen Lachs aus Schottland einfliegen läßt), den allgegenwärtigen umbrischen Jäger, der in der Regel ein, zwei Hasen zu verkaufen hat, und irgend jemanden, der in der Gewißheit, Abnehmer zu finden, mit einem Sack voll schwarzer Trüffeln aus Norcia zurückkehrt.

Die reiche Fülle des Landlebens spiegelt sich auch in Giulianas Art, den Haushalt zu führen, wider. In der Küche wird grundsätzlich immer irgend etwas gekocht. Als ich einmal völlig unerwartet vorbeikam, war Annetta, seit beinahe zwei Jahrzehnten Köchin des Hauses, damit beschäftigt, Gnocchi herzustellen, während gleichzeitig ein ganzes Lamm am Spieß über dem offenen Feuer briet. Ich fragte Giuliana, wen sie zum Mittagessen erwarte, und bekam zur Antwort: »Niemanden.« Nur sie, Piero und die jüngste Tochter waren zu Hause, doch irgend jemand würde bestimmt kommen — und da war ich! Bis zum Mittagessen waren wir sieben, ohne die Lieferanten mitzuzählen, für die Annetta in der Küche einen Imbiß aus Schinken- und Salami-*panini* bereithielt. So geht es immer im Hause der Dorazios zu, wo man Freunde jederzeit und mit der größten Selbstverständlichkeit an der Tafel willkommen heißt.

Giuliana sieht in dieser herzlichen Gastfreundschaft nur eine Fortführung dessen, was früher Brauch in ihrem Hause war. In La Canonica — so lautet der Name des ehemaligen Klosters — werden in mönchischer Tradition noch heute Freunde, bevor sie ihre Reise fortsetzen, aufs beste verköstigt. Die

Kamaldulenser, denen das Kloster gehörte, sind ein Einsiedlerorden, dessen Anlagen sich dadurch auszeichnen, daß die Kapelle und Gemeinschaftsgebäude den Mittelpunkt bilden und von kleinen Einzelhäusern mit Gärtchen umgeben sind. Die beiden einzigen, die von den ehemals siebzehn Häuschen geblieben sind, werden heute den Gästen zur Verfügung gestellt. In den weitläufigen okkerfarbenen Gemeinschaftsgebäuden lebt die Familie, und in der Kapelle mit ihrem noch immer funktionsfähigen Glockenturm hat Piero sein Atelier eingerichtet. Der herrliche lichtdurchflutete Raum mit seinen langen und hohen Wänden bietet sich für Pieros großflächige, in leuchtenden Farben gemalte Bilder geradezu an.

Unweit von Pieros Atelier befindet sich das zweite kreative Zentrum des Dorazio-Haushalts: Giulianas Küche. Hier sind die Wände mit zahllosen alten, hölzernen Kochutensilien und Körben dekoriert, die Giuliana auf ihren Reisen um die ganze Welt gesammelt hat. In der Mitte befindet sich, leicht erhöht, eine Feuerstelle zum Grillen und Braten am Spieß, deren Glut dank Annetta das ganze Jahr über nicht erlischt. Von der Küche gelangt man ins Eßzimmer mit seiner langen Refektoriumstafel. Oft wird der Tisch mit Majolika-Geschirr und mit Weingläsern gedeckt, die mit Pieros typischem Gitterwerk farbiger, sich in feinen Wellen überschneidender Linien bemalt sind, einem Motiv, das sich auf seinem Weinetikett wiederholt.

Die Gastfreundschaft der Dorazios und die Fülle guter Dinge, die Umbrien im Laufe der vier Jahreszeiten hervorbringt, machen La Canonica stets zu einem lohnenden Besuchsziel. Im Frühjahr gedeiht überall auf den umliegenden Hügeln wilder Spargel, und nicht selten sieht man auf dem Höhepunkt der Saison am Straßenrand kleine Jungen, die die *asparagi di campo* bündelweise anbieten. Annetta friert soviel davon ein, daß

An den Küchenwänden ist kaum noch Platz für weitere hölzerne Kochutensilien, die Giuliana mit Leidenschaft sammelt

der Vorrat beinahe für das ganze Jahr ausreicht. Frisch schmeckt dieses Gemüse ausgezeichnet, wenn es nur ein paar Minuten gekocht und dann mit Olivenöl, Pfeffer und Zitronensaft angemacht wird. Spargelspitzen, mit dünnen Spaghetti, etwas von dem aromatischen Olivenöl Umbriens und frisch gemahlenem Pfeffer kurz in der Pfanne geschwenkt, ergeben ein perfektes Frühlings-Pastagericht. Besonders gerne verwendet man Spargel im Hause Dorazio als Füllung für *frittata*, eine schnelle und unkomplizierte italienische Omelett-Variante, die warm und kalt schmeckt.

Einst gingen die Männer, während die Frauen bei der Spargelernte waren, auf Taubenjagd. Verständlicherweise änderten die Wildtauben ihre Flugroute — und standen in der Toskana unter noch heftigerem Beschuß. Obwohl sie in den Wäldern Umbriens nicht mehr zu finden sind, zählen sie noch immer zu den lokalen Spezialitäten. Nach dem klassischen Rezept werden sie vor einem Holzfeuer am Spieß halbgar gebraten und anschließend in Olivenöl und kräftigem umbrischen Rotwein geschmort. Annetta gart sie auch gerne in *salsa ghiotta,* einer klassischen Sauce der umbrischen Küche mit Schinken und Kräutern.

Im Sommer wird in La Canonica meist im

Umbrien ist berühmt für seine bemalte Keramik. Diese Teller stammen aus Deruta

ehemaligen Klostergarten gegessen, der dank seiner üppigen Bepflanzung angenehm kühl ist. In dieser Jahreszeit steht häufig Fisch auf dem Speisezettel. Umbrien besitzt mehrere Seen und frische Gebirgsbäche, in denen sich unter anderem die schönsten Forellen tummeln. Deren Zubereitung übernimmt meist Piero: Er gart sie in Folie mit Olivenöl, Knoblauch, Rosmarin, Thymian, Lorbeer, Petersilie — und jedem anderen Kraut, das ihm seine künstlerische Inspiration im jeweiligen Moment einflüstert. Annetta wiederum füllt sie mit Kräutern und ein paar Kapern und grillt sie. Huhn ist eine weitere Sommerspezialität. Zwar meinen die Toskaner, ihre Hühner seien die besten, doch ist das freilaufende Federvieh der Dorazios, am Spieß knusprig gebraten, meines Erachtens unübertrefflich.

Das sensationelle Finale in Form dreier großer Ereignisse spart Umbrien sich für den Herbst und frühen Winter auf. Zunächst kommt die Traubenlese. Hier gedeihen erstaunlich viele verschiedene Reben, aus denen eine beachtliche Vielfalt von Weinen gekeltert wird. Piero produziert einen Weißwein namens Setteuve, einen Mischsatz aus sieben Rebsorten, sowie den roten Scacciadiavoli (wörtlich »Teufelaustreiber«), der aus fünf Traubensorten, unter anderem Cabernet und Merlot, gemischt wird und drei Jahre reifen muß. Die Weinlese dauert eine Woche, während der Annetta und ihre Helferinnen täglich ein Mittagessen für etwa siebzig hungrige Pflücker — Familienmitglieder, Freunde und professionelle Erntearbeiter — bereiten. Das Essen, das meist aus zwei Pasta-Gerichten und großen Platten mit gemischten Braten besteht, ist einfach und nahrhaft. Eine der Pasta-Saucen, die ich ganz besonders mag, wird mit schwarzen Oliven zubereitet. Ich persönlich aromatisiere diese unkomplizierte, schmackhafte Sauce zusätzlich mit Orangenschale. Mit den ersten frühherbstlichen Regenfällen schießen, besonders auf buchen- und kastanienbestandenen Hügeln, alle möglichen Pilze aus dem Boden, aus denen Giuliana eine köstliche Pastete bereitet. Dafür brät sie Steinpilze in Oli-

venöl und Butter und füllt sie in eine einfache Teighülle. Heiß aufgetragen, ist diese Pastete an kühlen Herbsttagen delikat als leichtes Abendessen oder auch zum ersten Gang eines üppigeren Menüs.

Die zweite Sensation dieser Jahreszeit ist die vielgerühmte schwarze Trüffel. Ende November oder auch Anfang Dezember ist der umbrische Bauer, der mit seinem zuverlässigen Trüffelhund die Wälder um Spoleto und Norcia durchstreift, ein häufiger Anblick. In einer guten Saison kehrt so ein Trüffelsucher mit einem Sack voll schwarzbrauner, warziger Knollen zurück. Meines Erachtens ist die umbrische schwarze Trüffel voller im Geschmack und dabei weniger penetrant im Geruch als ihre vornehmere Verwandte aus dem Piemont. Sogar in Frankreich ist sie sehr begehrt und dient dort häufig zur geschmacklichen Vollendung von Gänseleberpastete. Wahrscheinlich ist Umbrien weltweit der größte Trüffellieferant.

Auch an der umbrischen Tafel feiert sie ihren großen Auftritt, und zwar in unübersehbarer Weise. Während meine Cousinen im Piemont ihre Trüffeln vorsichtig hobeln, schneidet Giuliana sie in dicke Scheiben. Oder sie zerreibt sie im Mörser zu einer Paste, die, mit etwas Zitronensaft und ein paar Tropfen Rotweinessig abgerundet, großzügig auf geröstetes Brot gestrichen wird. Manchmal werden geradezu Unmengen mit Olivenöl, Knoblauch und Sardellen zur berühmtesten Spaghettisauce Umbriens verarbeitet, die entweder himmlisch oder enttäuschend geraten kann. Denn ein noch so minimales Zuviel der übrigen Zutaten kann den Trüffelgeschmack unangenehm beeinträchtigen. Richtig zubereitet, krönt diese im Grunde schlichte Sauce, die in unserer Familie traditioneller Bestandteil des Silvesteressens ist, jedes noch so einfache Menü. In Alba hobelt man die Trüffel fein und feierlich über in Butter gebratenes Ei, in Norcia dagegen hackt man sie grob und füllt damit die *frittata.* (Dabei besteht die Kunst darin, die Eier, nicht aber die Trüffel zu garen.) Man kann auch für einen Mitternachts-Snack eine Trüffelpizza mit einer doppelten Portion

Mindestens sechs Monate im Jahr wird mittags an dem großen gemauerten Tisch im Garten gegessen

Pecorino bestellen. Bei den Dorazios bereitet man aus Trüffeln mit Zunge und Tagliatelle sogar eine Suppe.

Absoluter Höhepunkt des kulinarischen Zyklus Umbriens ist das jährliche Schlachtfest. Die Schweinefleischprodukte dieser Region, und besonders die aus Norcia, sind in ganz Italien sehr geschätzt. Nicht umsonst lautet das römische Wort für Schweineschlächter *norcino*. Kurz nach Dreikönige, wenn die Weihnachtskrippe (die hier ihren Ursprung hat) wieder einmal für ein Jahr weggepackt ist, kommt ein *norcino* aus der näheren Umgebung zur Canonica, um das Mastschwein zu schlachten. Am darauffolgenden Sonntag kehrt er zurück, um das inzwischen etwas abgehangene Fleisch nach altem Brauch zu verarbeiten.

Zu der *festa,* die in aller Frühe beginnt und mindestens zehn Stunden dauert, haben die Dorazios ihre Freunde eingeladen. Bis der *norcino* mit all seinen beeindruckenden Messern und der tragbaren Wurstmaschine ankommt, hat Annetta schon ein großes Feuer entfacht, und das Opfer liegt auf dem Küchentisch bereit. Bevor der Tag zur Neige geht, werden seine hundertundzwanzig Kilo und mehr auf die eine oder andere Weise verwertet worden sein — Schinken und Speck eingesalzen, Salami und andere Würste in die Därme gefüllt und so manches Stück gekocht und zwischendurch gegessen.

Während der *norcino* die saftigen Keulen mit Knoblauchpaste einreibt und sie anschließend einsalzt (nach ein paar Wochen wird das Salz abgewaschen und der Prosciutto etwa acht Monate in einem gut durchlüfteten Raum aufgehängt), hat Giuliana bereits Schnitzel und Koteletts für einen morgendlichen Imbiß auf den Rost gelegt, während Annetta sich um das Mittagessen kümmert, zu dem es Schweinskarree mit Fenchel geben wird. Bis dahin ist aber noch viel zu tun. Nachdem die *finocchiona,* eine mit Fenchel-

samen gewürzte Wurst, fertig ist, macht sich der *norcino* an die Herstellung der *mazzafegati,* einer Schweinsleberwurst mit Knoblauch, Pfeffer und Koriander. Währenddessen wird der Schweinskopf gekocht und kann im Anschluß zu *soppressata,* einer Art Preßsack, verarbeitet werden.

Inzwischen stehen mehrere Leckerbissen zum Probieren bereit: Ein Klassiker ist *tegamata,* in Olivenöl gebratene und mit Fenchel gewürzte Innereien, die direkt aus der Pfanne (auf Italienisch *tegame*) gegessen werden. Zur Verkürzung der Wartezeit auf Annettas *arista* (gebratenes Schweinskarree) werden *ciccioli* serviert, Speckwürfel, die in Olivenöl gebraten und dann in einem Tuch ausgepreßt wurden, so daß nur die knusprigen Fleischfasern übrigbleiben. Nun ist auch der Zeitpunkt gekommen, um Pieros neuen Wein zu kosten. Rosa und Lina, Annettas Helferinnen, haben körbeweise selbstgebackenes Brot mitgebracht, das geröstet und mit dem soeben erst gepreßten Olivenöl getränkt wird.

Nach dem Mittagessen muß noch die *guancia* (Schweinsbacke) gerollt und gepfeffert werden, die *fegatelli* (Leberstückchen, die in Schweinsnetz eingewickelt werden) sind noch nicht fertig, und *burista* (Blutwurst) soll noch gemacht werden. Ein Hochgenuß ist für mich jedesmal *sanguinaccio,* eine Art süßer, mit Schweineblut und zerstoßenen Mandelplätzchen hergestellter Pfannkuchen, der in Olivenöl gebacken wird. Aus dem benachbarten Todi, das sich mit seinem Gebäck einen Namen gemacht hat, hat Giuliana ein paar Kostproben mitgebracht. Einer der Kuchen, der als Schlange mit einem grotesken Kopf in Form eines Wasserspeiers gestaltet ist, paßt ganz besonders zu diesem urtümlichen Fest. Zum Gebäck genießen wir Pieros samtigen Vin Santo und zum Abschluß des Tages, um dem Magen auf die Sprünge zu helfen, ein Glas hausgemachten Grappa.

Nach einem solchen Fest möchte man am liebsten für immer in Umbrien bleiben, insbesondere mit Giuliana und Piero Dorazio als Nachbarn.

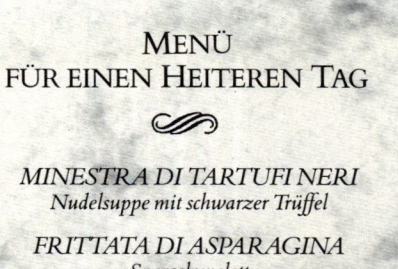

MENÜ
FÜR EINEN HEITEREN TAG

MINESTRA DI TARTUFI NERI
Nudelsuppe mit schwarzer Trüffel

FRITTATA DI ASPARAGINA
Spargelomelett

SERPENTE DI TODI
Schlangenkuchen aus Todi

Die Suppe läßt sich das ganze Jahr über zubereiten, denn auch konservierte Trüffeln besitzen ein beachtliches Aroma. Ersatzweise verwenden Sie feinblättrig geschnittene Champignons. Nach einem so üppigen ersten Gang ist eine leichte *frittata* genau das Richtige. Wenn Ihnen der Sinn nicht nach Backen steht, reichen Sie zum Abschluß dieses einfachen und zugleich sehr feinen Menüs die für Umbrien und die Toskana typischen harten Mandel-*biscotti,* die man in umbrischen Vin Santo tunkt.

Weinempfehlung: Schenken Sie zum ersten und zweiten Gang einen fruchtigen Orvieto classico und zum Dessert einen samtigen Vin Santo ein.

MINESTRA DI TARTUFI NERI
Nudelsuppe mit schwarzer Trüffel

125 g gekochte Kalbszunge
1 schwarze Trüffel
100 g Mehl
1 Ei
1,7 l Fleischbrühe (siehe S. 189)
Salz und Pfeffer

Zunge und Trüffel feinstreifig schneiden. Aus Mehl und Ei einen Teig zubereiten (siehe S. 188) und diesen dünn ausrollen. Tagliatelle ausschneiden und trocknen lassen.

Die Brühe aufkochen. Die Tagliatelle darin *al dente* kochen. Zunge und Trüffel ebenfalls hineingeben. Die Suppe abschmecken und servieren.

FRITTATA DI ASPARAGINA
Spargelomelett

¹/₂ kg wilder Spargel (oder dünner grüner Spargel)
6 Eier
Salz und Pfeffer
3 EL geriebener Parmesan
4 EL Olivenöl »extra vergine«

Den Spargel in einem großen Topf mit sprudelndem Salzwasser kurz kochen. Abtropfen lassen, kalt abbrausen und die harten Enden abschneiden. Die Eier in einer Schüssel verquirlen. Salz, Pfeffer, Parmesan und zuletzt den Spargel dazugeben.

Das Öl in einer Pfanne erhitzen und die Eier hineingießen. Langsam garen, bis sie stocken, dabei mit einem Holzlöffel behutsam vom Boden lösen. Das Omelett auf einen Teller stürzen, wieder in die Pfanne gleiten lassen und noch ein paar Minuten auf der zweiten Seite backen. Auf eine Platte geben und servieren.

Spargelomelett

SERPENTE DI TODI
Schlangenkuchen aus Todi

500 g gemahlene Mandeln
450 g Zucker
5—6 Eiweiß
1 EL/10 g Butter
½ EL Mehl
2 Cocktailkirschen
1 EL Puderzucker

Sämtliche Zutaten mit Ausnahme von Kirschen und Puderzucker in einer Schüssel zu einem glatten Teig verkneten. Daraus eine Schlange mit einem dicken Kopf modellieren. Die Kirschen als Augen einsetzen und mit dem Messerrücken ein schuppenartiges Muster in den Teig drücken.

Den Kuchen auf einem gebutterten und eingemehlten Blech 40 Minuten bei 160°C backen. Abkühlen lassen, mit Puderzucker bestäuben und auftragen.

Schlangenkuchen aus Todi

Orangenschalen verleihen der klassischen Olivensauce nicht nur farblich, sondern vor allem auch geschmacklich eine aparte Note. Die Hühnerbrüstchen greifen das mediterrane Oliventhema in einer Variation wieder auf.

In Italien waren bis vor kurzem nur braune Linsen bekannt, die ich nach wie vor geschmacklich allen anderen vorziehe.

Weinempfehlung: Ideal wäre ein leichter fruchtiger Rotwein, wie er in Umbrien in der Gegend des Trasimenischen Sees hergestellt wird.

SPAGHETTI ALLE OLIVE
Spaghetti mit Oliven und Orangenschale

Schale von 2 Orangen
600 g Spaghetti
1 Zwiebel
8 EL Olivenöl »extra vergine«
100 g entsteinte schwarze Oliven
Salz und Pfeffer

Die Orangenschale feinstreifig schneiden und 2 Minuten in Wasser kochen.

Die Spaghetti in reichlich Salzwasser *al dente* kochen. Inzwischen die Zwiebel hacken und in 4 EL Öl glasig schwitzen. Die Oliven und Orangenschale dazugeben, den Topf

Spaghetti mit Oliven und Orangenschale

vom Herd nehmen. Die Pasta abgießen, mit der Olivensauce und dem restlichen Öl vermischen. Abschmecken und servieren.

PETTI DI POLLO RIPIENI
Gefüllte Hühnerbrüstchen

2 Hühnerbrüstchen, ausgelöst (4 Filets)
300 g Olivenpaste
1 EL Mehl
2 EL/25 g Butter
1 EL Olivenöl »extra vergine«
½ Glas Weißwein
Salz
1 Glas Milch

Die Hühnerfilets flachklopfen und mit der Olivenpaste bestreichen. Zusammenrollen, mit Küchenzwirn umbinden und einmehlen.

Butter und Öl in einer Pfanne erhitzen. Das Fleisch ringsum gleichmäßig anbräunen. Den Wein angießen. Salzen und zugedeckt etwa 30 Minuten bei milder Hitze schmoren lassen. Nach Bedarf langsam die Milch zugießen. Die Röllchen aufschneiden, auf einer Platte anrichten und servieren.

LENTICCHIE IN UMIDO
Geschmorte Linsen

300 g braune Linsen
1 Zwiebelscheibe
1 Stange Bleichsellerie
50 g ungeräucherter Bauchspeck
2 EL Olivenöl »extra vergine«
1 Glas Rotwein
1 TL Fenchelsamen
Salz und Pfeffer

Die Linsen über Nacht in kaltem Wasser einweichen. Abgießen.

Zwiebel, Sellerie und Speck fein hacken. Im Öl glasig dünsten. Die Linsen mit den übrigen Zutaten dazugeben. Zugedeckt etwa 30 Minuten langsam schmoren lassen.

Gefüllte Hühnerbrüstchen mit geschmorten Linsen

**MENÜ
FÜR EINEN KALTEN TAG**

TORTA DI FUNGHI
Pilzpastete

PALOMBE ALLA GHIOTTA
Wildtaube in Rotwein geschmort

SPINACI ALL'AGLIO
Spinat mit Knoblauch

PANNA COTTA CON SALSA DI PERE
Sahnecreme mit Birnensauce

F ür die Pastete eignet sich jede Pilzart. Sollten Sie sich für Zuchtchampignons entscheiden, ergänzen Sie diese zur Geschmacksintensivierung mit ein paar getrockneten Steinpilzen.

Alla ghiotta schmeckt auch Perlhuhn ausgezeichnet. Ich bereite Spinat immer samt Stielen zu, denn sie sind genauso schnell gar wie die Blätter und werden ebenso zart.

Weinempfehlung: Ein Menü für besondere Weine, wie den Torgiano bianco oder rosso; zur Taube empfehle ich einen Rubesco riserva und zur Sahnecreme einen feinen umbrischen Dessertwein namens Sagrantino di Montefalco.

TORTA DI FUNGHI
Pilzpastete

600 g frische Steinpilze
2 EL Olivenöl »extra vergine«
150 g Butter
250 g Mehl
1 Ei
Salz und Pfeffer
2 EL gehackte Petersilie

Die Pilze mit einem Tuch abreiben (nicht waschen!) und in Scheiben schneiden, salzen

---

und pfeffern. Im Öl und 2 EL/25 g Butter bei mittlerer Hitze anbraten.

Aus dem Mehl, der restlichen Butter, dem Ei und Salz einen glatten Mürbeteig bereiten (siehe S. 188). Dünn ausrollen und eine 23 cm große Form damit auskleiden. Mit Pergamentpapier abdecken und mit getrockneten Bohnen beschweren.

Bei 190 °C 20 Minuten backen. Die Bohnen entfernen und weitere 20 Minuten backen. Die Teighülle aus der Form nehmen, mit den heißen Pilzen füllen, mit Petersilie bestreuen und servieren.

PALOMBE ALLA GHIOTTA
Wildtaube in Rotwein geschmort

3 Wildtauben
1 l Rotwein
100 ml Essig
2 Knoblauchzehen
1 Rosmarinzweig
1 kleines Bund Salbei, gebändelt
1 kleine Zwiebel
100 g roher Schinken
4 EL Olivenöl »extra vergine«
4 Sardellenfilets in Öl
1 EL Kapern in Essig, abgespült
1 Zitronenspalte
1 dünne Weißbrotscheibe
Salz und Pfeffer

Die Tauben vorbereiten (Köpfe und Füße, falls vorhanden, nicht entfernen). Mit sämtlichen anderen Zutaten in eine ofenfeste Form geben und bei milder Hitze etwa 1½ Stunden garen. Herausnehmen; Füße und Köpfe, falls vorhanden, entfernen und wegwerfen. Die Tauben längs halbieren und beiseite legen. Die Sauce etwa 1 Stunde kochend eindicken. Die Kräuter herausnehmen und die Sauce im Mixer pürieren.

Die Taubenhälften mit der Sauce zurück in den Topf geben. 10 Minuten aufwärmen und servieren.

SPINACI ALL'AGLIO
Spinat mit Knoblauch

1 kg frischer Spinat
6 Knoblauchzehen
4 EL Olivenöl »extra vergine«
Salz und Pfeffer

Den verlesenen und gewaschenen Spinat in etwas kochendem Salzwasser einige Minuten garen. Abtropfen lassen und ausdrükken.

Den Knoblauch im Öl anbraten. Den Spinat einige Minuten darin schwenken. Den Knoblauch entfernen. Salzen und pfeffern.

PANNA COTTA CON SALSA DI PERE
Sahnecreme mit Birnensauce

45 cl Sahne
1 Zimtstange
1 Stückchen Zitronenschale
4 EL Zucker
2 EL Gelatinepulver
Für die Sauce:
1 EL Zucker
4 reife Birnen

Die Hälfte der Sahne mit Zimt, Zitronenschale und 3 EL Zucker erhitzen, bis sie aufsprudelt. Zimt und Schale entfernen. Die Gelatine unter die Sahne rühren und die Creme völlig erkalten lassen. Die restliche Sahne mit 1 EL Zucker steif schlagen und unter die Creme heben. Kalt stellen.

Sechs Förmchen ausspülen, mit der Creme füllen und mindestens 2 Stunden in den Kühlschrank stellen.

Für die Sauce den Zucker mit 2 EL Wasser 1 Minute kochen. Die Birnen schälen und in Scheiben schneiden. Mit dem Zuckersirup im Mixer glattrühren. Die Creme aus den Förmchen stürzen und mit der Birnensauce umgießen.

Pilzpastete

Wildtaube in Rotwein geschmort

LATIUM

PALAZZO TAVERNA IN ROM

Märchenhaft tafeln im Palast von Fürstin Stefanina Aldobrandini

»Es war einmal eine schöne junge Prinzessin. Sie lebte in einem großen prächtigen Palast, dessen herrliche Salons aber düster und trostlos wirkten, denn alle Fensterläden waren fest verschlossen. Eines Tages sagte die Prinzessin: ›Ich werde ein großes Festmahl geben und Hunderte von Gästen laden.‹ Sie hieß ihren Koch riesige Platten köstlichster Speisen bereiten und befahl den Bediensteten, die Tafeln mit Satin, Kristall und Silber zu decken. Aus der ganzen Welt reisten die Gäste an. Sie tafelten so vortrefflich, daß sie immer wieder kamen. So beschloß die Prinzessin, überall im Lande Bankette zu geben, die allen zur Freude gereichten. Und wenn sie nicht gestorben sind, so leben sie noch heute.«

Die Peterskirche, davor die Via della Conciliazione.
Oben: Das Wohnzimmer des Palazzo Taverna

Wie in allen Märchen, fließen auch in diesem Phantasie und Wirklichkeit ineinander. Die schöne Prinzessin gibt es wirklich — Fürstin Stefanina Aldobrandini — ebenso wie ihren wunderbaren Palast, den Palazzo Taverna, mitten im Rom der Renaissance. Sie und ihre Schwestern wuchsen in den herrlichen Räumlichkeiten auf. Als sie das Elternhaus verließen (Stefanina heiratete Fürst Clemente Aldobrandini und lebt heute mit ihrem Mann und den drei Kindern ganz in der Nähe), zog ihre Mutter, Marchesa Lavinia Taverna Gallarati-Scotti, in das obere Geschoß mit seinen kleineren und sonnigeren Zimmern, von denen man einen überwältigenden Blick auf Rom genießt. Die großen Salons wurden nur für besondere Anlässe geöffnet und einige Male für Filmaufnahmen zur Verfügung gestellt.

Vor einigen Jahren beschloß Stefanina wirklich, die Fensterläden des Palazzo Taverna wieder zu öffnen und seine prunkvollen Räumlichkeiten für Bankette zu nutzen. Sie organisiert in ihrem Palast glanzvolle Cocktail- und Dinnerparties, Familienfeste, Empfänge und Bälle. Dazu bietet sie einen Party-Service an, der sich landesweit einen Namen gemacht hat. Unlängst hat sie in Rom ein Geschäft eröffnet, in dem man einige ihrer exquisiten Zubereitungen zum Mitnehmen kaufen kann, und außerhalb der Stadt ein Restaurant in Betrieb genommen. Dort kümmert sie sich um alles, und ihre Persönlichkeit und Präsenz sind in jedem noch so kleinen Detail — ob bei der Zusammenstellung der Menüs, der Zubereitung der Gerichte, der Dekoration oder dem Service — zu spüren.

Es ist kein Zufall, daß die von Stefanina eingeleitete Renaissance der italienischen Küche und Gastlichkeit von Rom ausgeht. Schon der Name des römischen Feldherrn Lucullus weckt Gedanken an üppige Festmähler. Und obwohl Epikur ein Grieche war, wurde seine Lehre von seinen römischen Schülern in ihrer reinsten Ausprägung vertreten. Einmal abgesehen von

Piazza Navona mit den berühmten Skulpturen Berninis

Pfauenpastete, gefülltem Bären, marinierten Papageienzungen und dergleichen kulinarischen Ausschweifungen des kaiserlichen Rom, waren es gerade die Römer, die in Europa die erste Küche im kulturellen Sinne hervorbrachten. Der früheste Versuch, Zutaten und Zubereitung bestimmter Speisen schriftlich festzuhalten, wurde im 1. Jahrhundert n. Ch. von Apicius unternommen. Obwohl seine Aufzeichnungen, die als Vorläufer aller späteren Rezeptbücher anzusehen sind, viele Absurditäten enthalten, überlieferte er darin der Nachwelt immerhin die Anregung, Feigen und Melonen zu kombinieren oder Zicklein in Wein und Honig zu garen, und damit zwei Gerichte, die sich noch heute bei seinen Landsleuten großer Beliebtheit erfreuen.

Auch das erste Buch über die Kochkunst stammt aus Rom, verfaßt zu Beginn der Renaissance von Bartolomeo Sacchi. Seine Empfehlung, bei der Zusammen-

stellung einer Mahlzeit eine gewisse Vernunft walten zu lassen und zunächst leichte Speisen wie Früchte, rohe oder gekochte Gemüse und Eier aufzutragen, ist heute aktueller denn je.

In der Hochrenaissance buhlten Päpste und Herrscher nicht nur um die besten Köche, sondern beauftragten die angesehensten Künstler mit der Gestaltung des Rahmens für ihre Feste. Benvenuto Cellini schuf das berühmte goldene Salzfaß, und Leonardo da Vinci entwarf Tischarrangements. Im 17. und 18. Jahrhundert spielten die *trionfi da tavola* (»Tafeltriumphe«) in Gestalt aufwendigster Nachbildungen von Speisen, aus denen sich später die Tafelaufsätze entwickelten, oftmals wohl eine größere Rolle als das Essen selbst. Eine Ahnung davon vermitteln die phantasievollen Dekorationen, die die Fenster vieler römischer Restaurants schmücken.

Was sich von den wechselhaften gastronomischen Bräuchen vergangener Jahrhunderte in unsere Tage hinübergerettet hat, ist die Phantasie, die aus einer Mahlzeit ein Festmahl werden läßt. Sie ist nach wie vor ein Charakteristikum der römischen Eßkultur, das alle sozialen Schranken überwindet. Man spürt dies sofort, wenn man in Rom essen geht. Bezeichnenderweise lieben es die Römer, auf Plätzen und Straßen zu speisen. In der einfachen *osteria* wie im elegantesten Restaurant herrscht ein geselliges Miteinander, kommt darin, wie die Speisen zubereitet, aufgetragen und verzehrt werden, eine Sinnlichkeit zum Ausdruck, die nur einer sehr alten und verfeinerten Kultur entstammen kann.

Die Feststimmung beginnt schon lange vor dem eigentlichen Essen auf den vielen überall in der Stadt florierenden Märkten mit ihrem bunten Warenangebot und den so herzerfrischenden Verkäufern. Sehenswert sind auch die zahllosen kleinen Geschäfte, die in den älteren Vierteln überleben konnten. Meine Tochter lebte eine Zeitlang in Rom in einem Haus, in dem es unten solch einen Laden gab. Der alte Händler, ein richtiges Unikum, hatte seine wenigen frischen Fische lange vor Mittag verkauft und brachte den Rest des Tages damit zu, vor der Tür sitzend alte Opernaufnahmen anzuhören, die aus seinem Laden schallten.

Das eigentliche Fest beginnt mit dem kunstvollen Arrangement von Vorspeisen, das am Eingang zum Gastraum aufgebaut ist. Spätestens seit der Renaissance war es in Rom Usus, ein Festessen mit einer Reihe kalter Gerichte zu beginnen, die auf einem Büfett bereitstanden, und diese Tradition lebt heute noch fort. Manchmal bekommt man, gewissermaßen zur Einstimmung, sogar ein Ante-Antipasto, meist warme *supplì alla romana,* Reiskroketten mit einer Füllung aus Fleisch, Käse und Pilzen. Die Auswahl der Antipasti ist atemberaubend: *crostini alla provatura e alici,* Toaststecken mit geschmolzenem Provatura, einem eiförmigen Büffelkäse aus dem La-

Das Eßzimmer des Palazzo Taverna

tium, und Sardellensauce; *carciofi alla romana,* zarte, mit Knoblauch und Pfefferminze gefüllte und in Olivenöl gedünstete Artischocken; *cipolline in agrodolce,* junge Zwiebelchen, die, mit Lorbeer und Nelken gewürzt, in Zucker und Essig geschmort wurden; bunte Platten mit Eischeiben, gerösteten roten, gelben und grünen Paprikaschoten und saftigen, mit Sardellenfilets, Petersilie und Basilikum zubereitete Tomaten; Gerichte aus Meeresfrüchten, bevorzugt Muscheln und *ricci,* Seeigeln. Sehr beliebt sind bei den Römern auch Vorspeisen mit Thunfisch, der gerne mit weißen Bohnen und auch Artischocken kombiniert wird. Bei einem Bankett im Palazzo Taverna anläßlich einer wichtigen Preisverleihung servierte Stefanina *spuma di tonno,* eine leichte, delikate Mousse aus Thunfisch und Kartoffelpüree.

Besonders in der römischen Familienküche spielen Suppen, von leichten Brühen bis hin zu gehaltvollen Eintöpfen mit Gemüse und ganzen Getreidekörnern, seit jeher eine wichtige Rolle. Letztere gehen auf die Antike zurück, als sich die römischen Soldaten auf ihren Feldzügen (und auch Brautpaare vor der Hochzeitsnacht) mit *pultes,* vergleichbar etwa dem englischen Porridge, stärkten. *Farricello con le cotiche* lautet der Name des Gerichts, das dieser Speise der Antike heute wohl am nächsten kommt. Hierbei wird feingemahlener Dinkel mit Schwarte, Knoblauch, Zwiebel und Tomate gekocht und mit Majoran, Petersilie und Basilikum gewürzt. Zur besseren Bekömmlichkeit reichte man zwischen den Gerichten des schier endlosen klassischen Festmahls etwas Brühe. Die bekannteste moderne Variante dieser Suppen dürfte wohl *stracciatella* sein, Hühnerbrühe, in die man mit dem Schneebesen eine Mischung aus Ei, Mehl, Pecorino und Zitronenschale rührt. Fürstin Aldobrandini serviert zum Auftakt eines festlichen Diners häufig eine ähnliche Suppe namens *passatelli in brodo.* In diesem Fall wird ein Teig aus Eiern, Semmelbröseln und Parmesan über der köchelnden Brühe durch eine Art Spätzlepresse passiert.

Alle Wege führen nach Rom, wenn es um Pastasciutta geht. Grießgnocchi und Spaghetti mögen die populärsten Teigwaren sein, die für Rom typischsten jedoch sind *fettuccine.* Diese langen, flachen Eiernudeln werden frisch gekocht und in der klassischen Zubereitung, solange sie kochendheiß sind, einfach mit einer doppelten oder gar dreifachen Portion Butter und reichlich geriebenem Käse vermischt. Im Palazzo Taverna heißt die Alternative zu Pasta, die sich für eine große Zahl von Gästen unmöglich zubereiten läßt, *crostata di formaggio* und entpuppt sich als köstliche Käse-Krustade.

Von allen regionalen Hauptstädten Italiens besitzt Rom die feinste Fischküche

Ein kunstvoller Türgriff

mit einem wahrhaft erstaunlichen Repertoire unterschiedlichster Rezepte, und das, obwohl manch andere Stadt viel besser mit den Früchten des Meeres versorgt ist. Die Römer verarbeiten Schal- und Krustentiere zu allen erdenklichen Antipasti und Pastagerichten, und insbesondere die Restaurants von Trastevere sind bekannt für ihre große, stolz präsentierte Vielfalt von Fischen, die nur darauf warten, mit frischen Kräutern gegrillt oder gedämpft zu werden. Bei einem Diner im Palazzo Taverna wird der mit weißer Jacke und ebenso weißen Handschuhen gekleidete Kellner Ihnen möglicherweise eine köstliche Rotbarbe servieren, die, wie sie dann alsbald feststellen, mit wildem Fenchel gefüllt, in zarten Prosciutto gehüllt und in Weißwein mit Zitronensaft perfekt gegart ist.

Das Delikateste unter den wenigen Fleischgerichten der Region ist *abacchio.* Schon der römische Dichter Juvenal besang es in schwelgenden Versen, die frei übersetzt etwa lauten würden: »Das Zarteste der Herde, mit mehr Milch denn Blut, das durch Gras die Unschuld nicht verlor.« Das Milchlamm soll mindestens dreißig und höchstens sechzig Tage alt sein. Denn ein jüngeres Tier besitzt noch zuviel »Babyspeck«, und ein zu altes hätte seine »unschuldige« Zartheit schon weitgehend verloren. In der klassischen Zubereitung wird es mit einigen Kartoffeln unter Zugabe von Knoblauch und Rosmarin gebraten. Seine winzigen Koteletts, mit Schmalz bestrichen und gegrillt, gelten als Barbecue-Delikatesse. Man genießt sie direkt vom Rost *a scottadito* (so daß man sich die Finger verbrennt). Für ein Bankett würde Stefanina allerdings einen Kalbsbraten vorziehen, der zwar nicht unbedingt typisch für die römische Küche, dafür aber praktischer in der Zubereitung und vor allem auch eleganter ist. Den römischen Touch erhält der Braten durch die klassische Sardellensauce, die aus einer schon für die Cäsaren bereiteten Würze namens *garum,* wohl einer Art Sardellenpaste, hervorging.

Wenn ich an Salat denke, erscheint vor meinem geistigen Auge sofort eine dieser herrlichen Kompositionen, wie man sie nur in Rom bekommt. Gewiß, andere Regionen mögen mehr Gemüse und Salat erzeugen und eine größere Vielfalt bieten, doch wieder einmal sind es die Römer, die auch dieses Gericht zu einem Erlebnis werden lassen. Ich bin jedesmal wieder irritiert, wenn man mir, wie in anderen Gegenden Italiens häufig der Fall, im Restaurant einen Teller langweiligen *lattuga* (Kopfsalat) vorsetzt, und das, nachdem ich am selben Morgen auf dem Markt das wunderbarste Gemüse gesehen habe. In

Piazza di Spegna, dahinter Trinità dei Monti

Rom kann man auf dem Campo dei Fiori morgens zusehen, wie die alten Marktfrauen stundenlang Blätter und Büschel waschen und verlesen, um für ihre Kunden, darunter oftmals die renommiertesten Restaurants der Stadt, *misticanza* vorzubereiten. Dies ist eine aromatische und äußerst schmackhafte Mischung aus immer wieder anderen, kultivierten wie auch wildwachsenden, Kräutern und Salatpflänzchen, deren melodische Dialektnamen ich Ihnen nicht vorenthalten möchte: *acetosa, barba di frate, bucalossi, caccialepre, cicorietta, erbanoce, crespigno, indiviola, lattughella, ojosa, piededipapavero, piedigallo, radiciotte* und *raponzoli.*

Die Römer beenden eine Mahlzeit gerne mit frischem Obst. Besonders beliebt sind im Sommer Wassermelonen, die überall in der Stadt auf Karren angeboten werden. Im Palazzo Taverna wird diese Frucht mit ihrem unverwechselbaren Geschmack zu einem erfrischenden Gelee verarbeitet.

Haben Sie dagegen eher Gelüste auf Torte, so steht dem auch nichts im Wege. Hier füllt man sie gerne mit Ricotta. Fürstin Stefanina bereitet aus diesem Käse ein sahniges Dessert mit Kaffee und Weinbrand, das sie — wie sollte es zum krönenden Abschluß eines römischen Festbanketts anders sein — in Kristallpokalen serviert.

MENÜ FÜR EIN LUKULLISCHES BANKETT

❧

SPUMA DI TONNO
Thunfisch-Mousse

FAGIANO FARCITO
Gefüllter Fasan

VERDURE STUFATE
Gedünstetes Gemüse

COPPE DI RICOTTA AL CAFFÈ
Ricotta-Kaffee-Sahne

Die zarte Thunfisch-Mousse ist in wenigen Minuten fertig, wenn Sie auf das Gelee verzichten. Manchmal serviere ich sie als Hauptgericht zum Mittagessen.

Das Ausbeinen eines Fasans bereitet einige Mühe. Die Alternative besteht darin, den ganzen Vogel zu füllen. In diesem Fall werden die Zutatenmengen um ein Viertel reduziert.

Im Latium wie auch in der Toskana stellt man Ricotta aus Schafsmilch her, der einen intensiveren Geschmack aufweist. Entscheiden Sie selbst, ob Sie für das Dessert Ricotta aus Kuh- oder Schafsmilch verwenden.

Weinempfehlung: Für diese drei einfachen und dennoch erlesenen Menüs ist das Beste der Region gerade gut genug. Im Latium werden vornehmlich Weißweine hergestellt. Neben dem bekannten Frascati verdienen der elegante Fiorano bianco und der fruchtige Marino besondere Erwähnung. Zu den besten Rotweinen zählen der Colle Picchioni und der Fiorano rosso, ein Mischsatz aus Merlot und Cabernet Sauvignon.

Thunfisch-Mousse

SPUMA DI TONNO
Thunfisch-Mousse

3 EL Gelatinepulver
45 cl Fleischbrühe (siehe S. 189)
1 Ei plus 2 Eigelbe
30 cl Olivenöl »extra vergine«
500 g Thunfisch in Öl
Saft von 1 Zitrone
4 große Kartoffeln

Die Hälfte der Gelatine in der Brühe auflösen. Auf einen Teller gießen und mindestens 3 Stunden kalt stellen. Das Gelee fein hakken.

Im Mixer aus Ei, Eigelben und Öl, das in feinem Strahl zugegeben wird, eine Mayonnaise zubereiten. Eine Prise Salz und $\frac{1}{4}$ des Thunfischs unterziehen.

Den Zitronensaft erhitzen und die restliche Gelatine darin auflösen. Abkühlen lassen und unter die Mayonnaise rühren.

Die Kartoffeln kochen und heiß pürieren. Den restlichen Thunfisch durch den Fleischwolf treiben. Mit den Kartoffeln und 3 EL Mayonnaise vermengen. Die Masse in eine eingeölte Ringform füllen. Zusammendrücken, glattstreichen und auf eine Platte stürzen. Mit der restlichen Mayonnaise überziehen und diese mit einer in kaltes Wasser getauchten Messerklinge glattstreichen. Die Mousse mehrere Stunden kalt stellen. Mit dem gehackten Gelee umlegen und servieren.

FAGIANO FARCITO
Gefüllter Fasan

1 Handvoll getrocknete Steinpilze
1 Handvoll Rosinen
100 g mageres Schweinefleisch
100 g mageres Rindfleisch
200 g Schinken
100 g ungeräucherter Bauchspeck
1 Rosmarinzweig
100 g geriebener Parmesan
1 Handvoll Pinienkerne
1 Ei
1 Gläschen Weinbrand
1 Prise geriebene Muskatnuß
1 schwarze Trüffel (nach Belieben)
1 großer Fasan
2 EL/25 g Butter
2 EL Olivenöl »extra vergine«
1 Glas trockener Weißwein
Salz und Pfeffer

Pilze und Rosinen separat etwa 30 Minuten in Wasser einweichen. Fleisch, Schinken, Speck, Pilze und Rosmarin fein hacken. Das Ganze in einer Schüssel mit Parmesan, Rosinen, Pinienkernen, Ei, Weinbrand und Muskatnuß gründlich vermengen. Nach Belieben mit einer in Scheiben geschnittenen Trüffel verfeinern.

Den Fasan ausbeinen, mit der vorbereiteten Farce füllen und dressieren. Mit Butter und Öl in eine ofenfeste Kasserolle geben. Bei 180°C etwa 1½ Stunden braten. Während der letzten 30 Minuten nach und nach mit dem Wein übergießen und dabei den Bratensatz vom Topfboden lösen. Den Fasan auf eine Platte legen. Den Fond durchseihen und separat reichen.

VERDURE STUFATE
Gedünstetes Gemüse

200 g Mohrrüben
1 große rote Rübe
200 g grüne Bohnen
200 g frische Maiskörner
5 EL Olivenöl »extra vergine«
200 g kleine Zwiebeln
½ Glas Rotweinessig
1 EL Zucker
Salz

Das Gemüse (mit Ausnahme der Zwiebeln) separat in Salzwasser kochen. Abtropfen lassen. Die Mohrrüben in Scheiben, die rote

Gefüllter Fasan mit gedünstetem Gemüse

Rübe in Streifen schneiden. Das gekochte Gemüse mit je 1 EL Öl in einzelne Töpfe füllen. Etwa 10 Minuten unter gelegentlichem Rühren auf kleiner Flamme dünsten.

Die Zwiebeln mit dem restlichen Öl, dem Essig, Zucker und Salz in einen Topf geben und etwa 20 Minuten auf kleiner Flamme garen. Das Gemüse um den Fasan arrangieren und das Gericht servieren.

COPPE DI RICOTTA AL CAFFÈ
Ricotta-Kaffee-Sahne

22 cl Sahne
450 g Ricotta
1 Glas Weinbrand
4 EL feines Espressopulver
125 g Zucker
1 Handvoll Kaffeebohnen

Die Sahne steif schlagen. Ricotta, Weinbrand, Espressopulver und Zucker vermengen. Die Sahne unterheben. Das Dessert in 6 Kristallpokale füllen, mit den Kaffeebohnen verzieren und servieren.

MENÜ
IN MEMORIAM EPIKUR

❧

PASSATELLI IN BRODO
Hühnerbrühe mit Nudeleinlage

SFORMATO DI SEDANO RAPA
ALLA CREMA
Sellerieauflauf mit Käsesauce

TRIGLIE AL PROSCIUTTO
Rotbarben im Schinkenmantel

BOMBA DI ARANCE
Feiner Orangenreis

Die Hühnerbrühe mit Einlage ergibt einen leichten ersten Gang. Falls sie Ihnen nicht reichhaltig genug ist, ergänzen Sie sie mit sehr fein gehacktem Schinken.

Der echte Fontina stammt aus dem Aosta-Tal im Nordwesten Italiens, doch werden sehr ähnliche Käsesorten auch in anderen Regionen hergestellt. Für den Auflauf eignet sich eigentlich jeder halbfeste Käse mit vollem Geschmack. Den Knollensellerie können Sie nach Belieben durch Brokkoli ersetzen. Das Fischgericht gelingt auch ausgezeichnet mit Forelle; als Beilage empfehle ich einfache Petersilienkartoffeln.

Im Norden serviert man Reis zum Auftakt, im Süden dagegen häufig zum Abschluß der Mahlzeit. Versuchen Sie, für das Dessert Blutorangen zu bekommen.

PASSATELLI IN BRODO
Hühnerbrühe
mit Nudeleinlage

150 g geriebener Parmesan
125 g getrocknete Semmelbrösel
Schale von 1 Zitrone
3 Eier
1 Prise geriebene Muskatnuß

Pfeffer
1,4 l Hühnerbrühe (siehe S. 189)

Sämtliche Zutaten mit Ausnahme der Brühe zu einem mittelweichen Teig vermengen. Die Mischung durch die Spätzlepresse (oder den Fleischwolf mit großen Löchern) treiben. Die Brühe aufkochen lassen. Die Nudeln dazugeben. Die Suppe nach dem erneuten Aufkochen sofort servieren.

SFORMATO DI SEDANO RAPA
ALLA CREMA
Sellerieauflauf mit Käsesauce

1 kg Knollensellerie oder Brokkoli
4 EL/50 g Butter
Salz und Pfeffer
22 cl Sahne
4 Eier
200 g Fontina
1 Glas Weißwein
1 EL gehackte Petersilie

Sellerie schälen und in Scheiben schneiden (bzw. Brokkoli wie gewohnt vorbereiten). Das Gemüse mit Butter und Salz zugedeckt bei sehr milder Hitze gar dünsten und pürieren.

Die Hälfte der Sahne und die Eier gründlich untermischen. Salzen und pfeffern. Die Masse in eine gebutterte und bemehlte Form füllen. Ins Wasserbad stellen und bei 180°C etwa 1 Stunde garziehen.

Den Fontina kleinschneiden. Mit dem Wein und der restlichen Sahne unter ständigem Rühren langsam schmelzen.

Den Auflauf auf eine Platte stürzen, die Käsecreme in die Mitte gießen. Mit Petersilie bestreuen und servieren.

TRIGLIE AL PROSCIUTTO
Rotbarben im Schinkenmantel

6 Rotbarben
Salz und Pfeffer

6 Bündel wilder Fenchel oder
6 Fenchelstücke
6 Scheiben roher Schinken
3 EL Olivenöl »extra vergine«
1/2 Glas Weißwein
Saft von 1/2 Zitrone

Die Fische säubern und mit dem Fenchel füllen. Salzen, pfeffern und jeweils in 1 Schinkenscheibe wickeln.

Eine große Pfanne einölen. Öl, Wein und Zitronensaft hineingeben und die Fische nebeneinander hineinlegen. Zugedeckt bei milder Hitze etwa 15 Minuten dünsten. Herausnehmen. Die Garflüssigkeit bei mäßiger Hitze einkochen, über die Rotbarben gießen und servieren.

BOMBA DI ARANCE
Feiner Orangenreis

200 g Rundkornreis
Salz
45 cl Milch
6 Eigelb
6 Orangen
200 g Walnüsse ohne Schale
225 g Zucker
7 EL/100 g Butter
22 cl Sahne

Den Reis in leicht gesalzenem Wasser 5 Minuten kochen. Abgießen. In der Milch auf kleiner Flamme unter häufigem Rühren weiter garen, bis die Milch aufgesogen und der Reis cremig-dick ist. Abkühlen lassen.

Eigelbe, abgeriebene Schale und Saft von 4 Orangen, 100 g Walnüsse, Zucker, Butter und die Hälfte der Sahne unter den Reis ziehen. In eine gebutterte Form füllen. Im Wasserbad bei 180°C etwa 1 Stunde garen.

Auf eine Platte stürzen und erkalten lassen. Mit der restlichen, steif geschlagenen Sahne überziehen. Einige Stunden kalt stellen. Mit den übrigen 2 in Scheiben geschnittenen Orangen und den restlichen Walnüssen garnieren.

Feiner Orangenreis

Sellerieauflauf mit Käsesauce

Wählen Sie für den Braten ein schönes, saftiges Stück Fleisch aus. Und verwenden Sie einen guten Wein, denn die Sauce soll auf keinen Fall sauer werden. Das Zucchini-Rezept läßt sich ohne weiteres auch auf Artischocken und blanchierten gewürfelten Fenchel übertragen. Für das Dessert können Sie ebenso Honigmelone verwenden.

CROSTATA DI FORMAGGIO
Käse-Krustade

300 g Mehl
Salz und Pfeffer
4 Eier plus 2 Eigelb
10 EL/150 g Butter
350 g Fontina
100 g geriebener Parmesan
100 g Gorgonzola
1 Prise geriebene Muskatnuß
12 cl Sahne
1/2 Glas Weißwein
1 schwarze Trüffel (nach Belieben)

Das Mehl auf die Arbeitsfläche häufen. In die Mitte eine Mulde drücken. Eine Prise Salz, die 2 Eigelbe und die weiche Butter hineingeben. Einen Mürbeteig herstellen, wie auf

S. 188 beschrieben. Ausrollen und eine 20 bis 22 cm große Springform damit auskleiden.

300 g Fontina reiben. In einer Schüssel mit Parmesan und Gorgonzola mit Hilfe einer Gabel vermengen. Muskatnuß, Sahne und Wein gründlich untermischen. Die Eier mit etwas Pfeffer verquirlen und unter die Käsemasse mischen. Die Mischung in die Form gießen.

Die Krustade bei 180°C etwa 45 Minuten backen. Auf einen Teller legen. Mit dem restlichen, in Streifen geschnittenen Fontina und Trüffelstiften garnieren und servieren.

ARROSTO ALLE ACCIUGHE
Kalbsbraten mit Sardellensauce

25 g getrocknete Steinpilze
1 kg Kalbfleisch, zum Braten geeignet
1 Handvoll frischer Salbei
2 Rosmarinzweige
2 EL/25 g Butter
1 EL Olivenöl »extra vergine«
1/2 l Rotwein
1/2 Zwiebel
4 Sardellenfilets in Öl
Salz

Die Pilze 30 Minuten in Wasser einweichen und ausdrücken. Das Wasser durchseihen und beiseite stellen.

Das Fleisch mit den Kräutern belegen und gut zusammenbinden. Mit Butter und Öl in einen ofenfesten Schmortopf geben. Etwa 1 1/2 Stunden bei 180°C braten.

Inzwischen die Zwiebel hacken und mit den Pilzen, dem Wein und den Sardellenfilets in einen Topf geben. Alles bei milder Hitze auf ein halbes Glas Flüssigkeit reduzieren. Die Sauce über den Braten gießen. Das Einweichwasser der Pilze hinzufügen und den Bratensatz vom Topfboden lösen. Zugedeckt weitere 10 Minuten garen lassen, dabei den Braten einmal wenden. Herausnehmen. Küchenzwirn und Kräuter entfernen. Den Braten aufschneiden und auf einer Platte anrichten. Den Fond über dem Fleisch durchseihen und das Gericht servieren.

ZUCCHINE ALLA MENTA
Zucchini mit Pfefferminze

6 Zucchini
1 Ei
Salz
2 EL Mehl
125 g Semmelbrösel
4 EL/50 g Butter
4 EL Olivenöl »extra vergine«
3 EL Weißweinessig
1 EL Pfefferminzblätter
1 EL Zucker

Zucchini waschen und von Enden befreien. Längs in Scheiben schneiden und trockentupfen. Ei mit 1 Prise Salz auf einem Teller verquirlen. Zucchini einmehlen, im Ei und danach in den Semmelbröseln wenden.

Butter und Öl in einer Pfanne erhitzen. Zucchini auf beiden Seiten einige Minuten goldbraun braten. Auf Küchenkrepp abtropfen. Essig mit Pfefferminze und Zucker in einem Topf erhitzen und einige Sekunden kochen lassen. Zucchini auf einem Teller anrichten, mit Essig übergießen und servieren.

GELATINA D'ANGURIA
Wassermelonen-Gelee

2 kg Wassermelone
225 g Zucker
3 EL Gelatinepulver
180 g Zartbitterschokolade, zerstoßen

Das Fruchtfleisch aus den Schalen lösen und von Kernen befreien. Durchpassieren. Mit dem Zucker unter häufigem Rühren etwa 10 Minuten auf kleiner Flamme kochen. Vom Herd nehmen und beinahe völlig erkalten lassen. Die Gelatine in etwas warmem Wasser auflösen. Zusammen mit den Schokoladenstückchen unter das Fruchtfleisch rühren.

Sechs Förmchen in kaltes Wasser tauchen und mit der Fruchtmasse füllen. Einige Stunden kalt stellen. Stürzen und servieren.

Käse-Krustade

KAMPANIEN

PALAZZO CALABRITTO IN NEAPEL

Kochen mit Marchese Franco Santasilia di Torpino
und dem Letzten der Monzù

E s besteht kein Zweifel: Die weltweit berühmteste Küche Italiens ist die Neapels, symbolisch vertreten durch die Pizza. Kaum weniger populär sind ihre beiden klassischen Pastagerichte, *spaghetti al pomodoro* (Spaghetti mit Tomatensauce) und *maccheroni al sugo* (Makkaroni mit Fleischsauce). Dicht hinter dem Parmesan folgt in der Bekanntheitsskala der Mozza-

rella, der, sofern er aus der frischen Milch der Büffel gemacht ist, die noch heute in den Provinzen Salerno und Caserta in großen Herden grasen, von keinem anderen übertroffen wird.

Während ihres Siegeszuges um die Welt wurde die neapolitanische Küche so popularisiert, daß man an ihre Ursprünge zurückkehren muß, um zu erkennen, wie

Die im späten 19. Jahrhundert erbaute Galleria Umberto in Neapel.
Oben: Der Salon des Palazzo Calabritto

Ein dekoratives Arrangement mit den Portraits von Umberto di Savoia und seiner Gemahlin Maria Josè

kümmerte sich ein Monzù selbst um seine Gehilfen, die er aus der einheimischen Bevölkerung rekrutierte und aus eigener Tasche entlohnte. Und irgendwann gab er seine sorgsam gehüteten Küchengeheimnisse an den gewitztesten seiner Helfer weiter. Schon die nächste Monzù-Generation war von Geburt und Ansehen neapolitanisch, und spätestens die übernächste hatte es zu einer eigenständigen Küche gebracht, in der gallische Inspiration, lokale Erzeugnisse und neapolitanisches Flair miteinander verschmolzen. Ihre Hochblüte erreichte diese Küche im 19. Jahrhundert und sie gedieh weiter bis zum Zweiten Weltkrieg, als Familienköche zu einem Luxus wurden, den sich nur wenige leisten konnten. Einige Monzù gingen als Köche in die Privatclubs, die nach dem Krieg überall in der Stadt entstanden und häufig von ihren ehemaligen Arbeitgebern frequentiert wurden.

Der allgemeine Wandel brachte es mit sich, daß auch die kulinarische Tradition, die eben jene Männer verkörperten, in Vergessenheit geriet. Dort ruhte sie, bis ein Jugendfreund von mir, Franco Santasilia di Torpino, ein Buch mit dem Titel *La cucina aristocratica napoletana* veröf-

Franco Santasilias Vater sammelte große hölzerne Nachbildungen von Galeonen des 16. Jahrhunderts

gut sie wirklich ist. Wer bisher immer nur mehrere Tage alten, womöglich aus Kuhmilch hergestellten Mozzarella gegessen hat, kann sich auf einen unvergeßlichen kulinarischen Genuß gefaßt machen, wenn ihm Mozzarella aus Büffelmilch vorgesetzt wird.

Dasselbe gilt für die Pizza. In ihrer Heimatstadt ist sie unvergleichlich gut. Dabei denke ich gar nicht unbedingt an die Zutaten (obwohl Olivenöl, frische Tomaten, Knoblauch, Origano und Basilikum nicht mehr zu verbessern sind), sondern vielmehr an den Teig selbst. Vielleicht verdankt er seine einmalige Beschaffenheit dem Mehl oder der Luftfeuchtigkeit, möglicherweise auch den traditionellen Öfen, dem Geschick des *pizzaiolo* oder gar all diesen Faktoren zusammen.

Diese neapolitanische Küche ist wahrhaft populär — die Küche des Volkes, vom Volk und für das Volk gemacht. So farbig

und pfiffig wie die Menschen selbst. Nicht minder üppig und geschmackvoll, jedoch weit weniger bekannt, ist die Küche der vornehmen Häuser dieser Region, die in der zweiten Hälfte des 18. Jahrhunderts unter der Herrschaft der spanischen Bourbonen erste Formen annahm. Da Ihre Majestät Marie Karoline die populäre Küche ihres Reiches wohl für schmackhaft, nicht aber salonfähig genug hielt, bat sie ihre Schwester Marie Antoinette, ihr ein paar Köche aus Paris zu senden, die der *cuisine* etwas mehr Raffinement verleihen sollten.

Ihr Experiment wurde zu einem vollen Erfolg, so daß schon bald alle Adelsfamilien des Landes ihrem Beispiel folgten. Die begehrten — und, wie wir annehmen dürfen, launenhaften — Köche wurden selbst von ihren Gebietern und Gebieterinnen respektvoll *Monsieur* tituliert, woraus sich schon bald die neapolitanische Anrede *Monzù* entwickelte. Üblicherweise

fentlichte, in dem er nicht nur diese Küche beschreibt, sondern darüber hinaus ihre Erneuerung und Adaption an heutige Gegebenheiten anregen möchte. Franco entstammt einer alten Adelsfamilie, die mit den spanischen Bourbonen nach Neapel kam. Wir lernten uns zu Studienzeiten in der Villa seines Cousins in Positano kennen, wo wir beide die Sommerferien verbrachten. Er wurde Elektroingenieur, und das letzte, was ich von ihm hörte, war, daß er für ein großes internationales Unternehmen in Kalifornien arbeitete. Dort versuchte er sich das erstemal als Hobby-Koch, um auch in der Fremde die vertrauten Gerichte nicht missen zu müssen. Nach seiner Rückkehr versuchte er in seiner Freizeit, die Speisen seiner Jugend nachzukochen, an die er sich noch entsann. Und schließlich nahm er sein ehrgeiziges Buchprojekt in Angriff.

Dafür entlockte er zunächst seiner Mutter, Marchesa Leopoldina Caracciolo di Castagneto, die im Laufe ihres langen Lebens in der eigenen Familie wie auch in befreundeten Häusern viele Monzù kennengelernt hatte, all ihre Erinnerungen.

Vor allem aber zog er den Koch seiner Mutter, Gerardo Modugno, zu Rate, der unbedingt den Titel »der Letzte der Monzù« verdient. Gerardo begann seine Karriere als Gehilfe des alten Familienkochs, Monzù Federico. Seinerzeit, so erinnert er sich, mußte man, um eine Anstellung zu bekommen, drei Grundzubereitungen zur Zufriedenheit des Monzù kochen: *spiedini* (Fleischspießchen), *granatine* (gefüllte Fleischbällchen) und *fritto misto* (gemischtes Ausgebackenes). Bis heute ist *fritto misto alla napoletana* das Gericht aus Gerardos Repertoire, das den größten Beifall findet. Allein schon die enorme Anzahl der Zutaten (Gerardo verarbeitet bis zu zwanzig) verdient Respekt. Dazu erfordert dieses Gericht ein perfektes Timing, denn alle Bestandteile müssen heiß und knusprig auf den Tisch kommen. Neben einer

Palazzo Calabritto mit der Piazza dei Martiri

Vielzahl von Gemüsen — Zucchiniblüten, Spargelspitzen, Tomaten, Paprikaschoten, Zwiebeln und Fenchel — umfaßt das traditionelle neapolitanische *fritto misto* Reisbällchen, Kartoffelkroketten, *panzerotti* (Teigtaschen mit Käsefüllung), zuweilen Fleischbällchen sowie gemischte kleine Fische. Alle diese Zutaten müssen erst durch Backteig gezogen und dann in der richtigen Reihenfolge, davon ausgehend, welche Aromen sie an das Öl abgeben, schwimmend ausgebacken werden.

Gemeinsam rekonstruierten Franco und Gerardo für das Buch über fünfzig Zubereitungen (die Monzù schrieben ihre Geheimnisse niemals nieder). Dabei wurden besonders zeit- und arbeitsaufwendige Rezepte, den heutigen Gegebenheiten entsprechend, vereinfacht und manchmal auch die Zutaten, besonders Fett, unter ernährungswissenschaftlichen Gesichtspunkten behutsam angeglichen. Als ich Gerardo fragte, ob ich ein paar Rezepte

noch weiter vereinfachen könne, gestattete er mir dies nur sehr zögernd, als ob er befürchtete, ich nähme der Zubereitung damit ihren eigentlichen Reiz. Er stellt sein Können gern unter Beweis. Gute Gelegenheit gibt ihm dazu der *timballo tricolore*. Unter seiner Kuppelform birgt dieser Auflauf drei Segmente mit jeweils unterschiedlicher Füllung aus Schinken, Schweinefleisch und Spinat, und sein Äußeres ist in entsprechender Aufteilung mit sehr dünnen Tomatenscheiben, langen grünen Bohnen und dicht an dicht aneinandergelegten Spaghetti, also in den Nationalfarben Italiens, verkleidet.

Ein weiteres Gericht, mit dem er brilliert, geht auf die Hofköche von Marie Karoline zurück. Für den *timballo flammand* wird eine kuppelförmige Schüssel mit einzelnen spiralig aufgerollten dicken Spaghetti oder vielmehr *bucatini* ausgelegt, mit einer üppigen Komposition aus Champignons, Trüffeln, Kalbfleisch, Prosciutto, Hühnerfleisch und Parmesan, dazu Béchamel- und Fleischsauce aufgefüllt und schließlich im Wasserbad im Ofen gegart. Nur die wenigsten Berufsköche, so erklärt Gerardo mit berechtigtem Stolz, bringen diese vielleicht raffinierteste Kreation der *cucina aristocratica napoletana* zustande.

Doch die Qualitäten eines Kochs lassen sich nicht nur an seinem fachlichen Können ermessen, sondern, was vielleicht noch wichtiger ist, an seiner Fähigkeit, etwas Leckeres aus nichts zu zaubern. Francos Mutter erinnerte sich an ein Gericht, das Monzù Vincenzo Migliardi improvisierte, als Umberto di Savoia, der spätere letzte König Italiens, unangekündigt zu Besuch kam. An jenem Sommertag war nicht viel im Kühlschrank, doch hatte der Kaufmann an der Ecke eingelegten Thunfisch, Eier und grüne Bohnen vorrätig, aus denen Monzù Vincenzo eine wunderbare zarte, mit Bohnen umhüllte Thunfisch-Mousse bereitete.

Umberto muß davon sehr angetan gewesen sein, denn er kehrte mit seiner Gemahlin Maria José zurück. Diesmal servierte Monzù Vincenzo einen exquisiten Hackbraten im Teigmantel. Das zukünftige Königspaar war darüber wohl hocherfreut, denn es hinterließ zum Abschied Fotografien mit Widmung. Gerardo bereitete den Hackbraten für uns nach dem Originalrezept, das ich hier etwas vereinfacht habe und noch immer ein köstliches Resultat verspricht. Auch Gerardo besitzt neben vielen anderen Erinnerungsstükken, die seine Küche zieren, eine Fotografie mit Widmung von eben diesem Umberto, damals schon König im Exil, der sich auf diese Weise für Gerardos hervorragende Verdienste als Koch während einer Mittelmeer-Kreuzfahrt — in französischen Gewässern natürlich — bedankte.

Lassen Sie sich durch meine Schilderungen nicht zu der Annahme verleiten, daß der neapolitanische Adel auf seine Pizza verzichtete. In seinem Buch verrät Franco ein Familienrezept für die beste aller Pizzen und gesteht dem Leser, daß er diese in Kalifornien am meisten vermißte. Der Belag besteht aus den üblichen Zutaten — Tomatensauce, Basilikum, Knoblauch, Olivenöl, *mozzarella di bufala* und Schinken, der Teig aber wird mit Eiern, Milch und Butter verfeinert und mindestens eine halbe Stunde gewalkt, wodurch er später zu einer beachtlichen Höhe aufgeht. Ganz besonders mag ich Francos einfaches Rezept für kleine süß-pikante Pizzen, das er bei einem Freund in einer Rezeptsammlung aus dem frühen 19. Jahrhundert entdeckte.

Einige der interessantesten Rezepte stammen von Francos Cousin Maurizio Barracco und seiner Cousine Mirella.

1937 erwarb Maurizios Vater die traumhafte Villa Emma, die sich bei Posilippo hoch über dem Meer erhebt und seinerzeit Lady Hamilton von Admiral Nelson zum Geschenk gemacht wurde. Von diesem paradiesischen Fleckchen Erde kommt ein Rezept für eines der phantasievollsten und schmackhaftesten Pastagerichte. Dafür wird ein runder gereifter Provolone ausgehöhlt und anschließend mit einer Mischung aus *rigatoni* (kurzen Röhrennudeln), Pilzen, Fleisch, Hühnerleber, Wurst vermischt sind. Natürlich enthält die Füllung auch Provolone, der dem Ganzen eine charakteristische, leicht pikante Note verleiht. Dieser Käse ist eine weitere Spezialität Kampaniens, wobei

Austern aus heimischen Gewässern

Franco mir allerdings sagte, der beste käme aus Sila in Kalabrien. Ursprünglich aus Büffelmilch gemacht, wird er heute ausschließlich aus Kuhmilch hergestellt. Sein anfangs milder Geschmack gewinnt durch längere Reifung zunehmend an Schärfe.

Gerardo half Franco nicht nur bei der Rekonstruktion dieser Rezepte, sondern überließ ihm auch mehrere, die er selbst »geerbt« hatte. Eines von diesen, *sartù di riso,* spricht mich besonders an, denn es ist einfach und unkompliziert (obwohl aufwendig in der Vorbereitung) und dabei äußerst schmackhaft und eindrucksvoll.

Es zählt zu den wenigen neapolitanischen Reisgerichten (in Süditalien wird Reis vorzugsweise in Desserts verarbeitet) und besteht aus einer erstaunlichen Vielzahl von Zutaten, wobei ich die ursprünglich fünfundzwanzig in Gerardos Rezept schon auf zwanzig reduziert habe. Während das traditionelle *sartù* durch seine schmale, hohe Form auffällt, besticht Gerardos Version durch ihre elegante wohlproportionierte Erscheinung.

Die Vorliebe der Süditaliener für Süßes ist in Neapel nicht zu übersehen. Obwohl es ein Kopf-an-Kopf-Rennen ist, möchte ich mich doch der Meinung anschließen, daß das beste Eis der Welt in Neapel gemacht wird. Die Neapolitaner haben einfach das Gespür dafür, wie man eine sahnige Beschaffenheit und ein ausgeprägtes Aroma genau aufeinander abstimmt. Beliebt ist auch Blätterteiggebäck, das mit einer weiteren Spezialität, nämlich Schokolade, gefüllt wird. Der Klassiker unter den hausgemachten Torten heißt *pastiera* und besteht aus süßem Mürbeteig, der mit frischem Ricotta und kandierten Früchten gefüllt ist. Diese Torte ist zugleich das traditionelle Ostergebäck. Sogar innerhalb ein und derselben Familie wird sie auf verschiedene Arten zubereitet, und da sie von Tag zu Tag immer besser schmeckt, kann man über die Osterfeiertage in aller Ruhe darüber befinden,

Blick vom Castel Sant'Elmo über die Innenstadt Neapels

wer denn nun die köstlichste von allen gebacken hat. Im Laufe der Jahre hat Gerardo sein Rezept zu höchster Vollkommenheit entwickelt, doch versucht seine Frau, wie er mir erzählte, jedes Jahr aufs neue, ihm den Rang abzulaufen. Das Urteil der Familie hat er mir aber nicht verraten.

Als ich Franco nach den passenden Weinen für diese exquisiten Zubereitungen befragte, erinnerte er sich, daß seine Großmutter einmal erwähnte, sie hätten zu den Mahlzeiten nur Champagner und französische Weine getrunken. Warum

auch nicht? Sollten Sie des Schampus dennoch einmal überdrüssig werden, dann bietet Kalabrien mehrere gute Alternativen.

Selbstverständlich sind die hier vorgestellten Gerichte nicht für jeden Tag gedacht. Franco kocht sie nur bei den Essen, die er mehrmals im Jahr für seine Freunde veranstaltet, und für die Galaempfänge, die er bei bedeutenden kulturellen Ereignissen im Familien-*palazzo* auf der Piazza dei Martiri gibt. Er kocht beinahe jeden Abend zu Hause. Hat seine Frau, wenn er heimkommt, aus irgendeinem

Grund das Essen schon vorbereitet, so vermißt er richtig diese entspannende Tätigkeit. Wenn seine drei Kinder zu Hause sind, bereitet Franco ein klassisches neapolitanisches Gericht, wie *vermicelli in padella*, dünne Spaghetti mit Knoblauch, Olivenöl, Kapern, Oliven und Sardellen. In dieser Sauce, deren Zutaten zusammen langsam in der Pfanne gegart werden, wobei sie ein ganz besonderes Aroma entwickeln, vermählen sich die populäre und die aristokratische Küche Neapels. Und hier, versichert Franco, »können die Franzosen uns nichts vormachen«.

MENÜ
FÜR EINEN KÖNIG

MOUSSE DI TONNO AI FAGIOLINI
Thunfisch-Mousse mit grünen Bohnen

POLPETTONE IN CROSTA
Hackbraten im Teigmantel

INSALATA ALLA TORPINO
Gemischter Salat mit Walnüssen

PIZZE ANTONICCHIE
Kleine süß-pikante Pizzen

Wenn Sie genügend Geduld und Zeit haben, verkleiden Sie die Mousse ringsum mit langen grünen Bohnen. Falls welche davon übrigbleiben, geben Sie sie in die Mitte und bestreuen sie mit zerpflücktem Thunfisch. Auch Erbsen schmecken zu diesem Gericht vorzüglich.

Der Hackbraten gelingt auch ohne Teighülle ausgezeichnet. Meine Mutter bereitete aus demselben Teig Frikadellen.

Die kleinen Pizzen erhalten durch die Kombination von Käse und Zucker eine aparte Note.

Weinempfehlung: Servieren Sie zur Mousse einen edlen Weißwein aus dem Anbaugebiet von Ravello bei Amalfi, zum Fleisch einen vollen reifen Taurasi und zu den Pizzen einen lieblichen *(amabile)* Lacryma Christi von den Hängen des Vesuvs.

MOUSSE DI TONNO AI FAGIOLINI
Thunfisch-Mousse mit grünen Bohnen

1 Eigelb
12 cl Olivenöl »extra vergine«
Salz
5 cl Sahne
450 g Thunfisch in Öl
300 g möglichst lange grüne Bohnen

Das Eigelb in den Mixer geben. Das Öl in feinem Strahl einlaufen lassen und unter Rühren eine dicke Mayonnaise herstellen. Salzen. Die Sahne steif schlagen. Den Thunfisch durch den Fleischwolf treiben. Die Mayonnaise und danach die Sahne behutsam unterziehen. Die Masse in eine Ringform füllen, glattstreichen und mindestens 6 Stunden kalt stellen.

Die Bohnen in kochendem Salzwasser etwa 10 Minuten garen. Abtropfen lassen und kalt abbrausen. Die Mousse auf eine Platte stürzen. Mit den Bohnen dekorieren und servieren.

POLPETTONE IN CROSTA
Hackbraten im Teigmantel

Für den Teig:
10 EL/150 g Butter
150 g Mehl
Für die Füllung:
450 g mageres Rinderhackfleisch
2 Eier
50 g geriebener Parmesan
1 Handvoll frische, weiche Semmelbrösel
1 Glas trockener Sherry
Salz und Pfeffer
3 hartgekochte Eier
1 kleine Zwiebel
1 Mohrrübe
½ Stange Bleichsellerie
4 EL Olivenöl »extra vergine«
125 g Schinken
4 EL Milch
1 Prise geriebene Muskatnuß

Aus Butter und Mehl einen Blätterteig bereiten (siehe S. 188). Bis zur Verwendung kalt stellen.

Das Hack mit 1 Ei, der Hälfte des Parmesans, den in Wasser eingeweichten und ausgedrückten Semmelbröseln, der Hälfte des Sherry, Salz und Pfeffer vermengen. Die Mischung auf einer befeuchteten Arbeitsfläche 6 mm dick rechteckig ausrollen. Die hartgekochten Eier in die Mitte legen und den Teig längs darüberfalten.

Das Gemüse hacken und mit dem Öl in eine ofenfeste Form geben. Den Laib darauflegen. Bei mäßiger Hitze braten, bis sich eine goldbraune Kruste bildet. Einige EL Wasser hinzufügen, die Hitze reduzieren und zugedeckt 1 Stunde garen lassen. Ab und zu nach Bedarf etwas Wasser dazugeben. Den Braten herausnehmen. Den Bratensatz mit dem restlichen Sherry ablöschen. Durchseihen und warm stellen.

Den Schinken hacken. Mit dem restlichen Parmesan, dem zweiten Ei, Milch und Muskat vermengen. Den Braten damit bestreichen.

Den Blätterteig dünn ausrollen. Den Hackbraten darauflegen und in den Teig einschlagen. Mit Teigstreifen dekorieren und bei 190°C etwa 20 Minuten goldgelb backen. Auf eine Platte legen und den Bratenfond separat reichen.

INSALATA ALLA TORPINO
Gemischter Salat mit Walnüssen

1 Endivie
1 Radicchio
100 g kleine Spinatblätter
1 Fenchelknolle
1 Bund Radieschen
100 g Parmesan in dünnen Scheiben
1 Granatapfel
Salz
1 EL Rotweinessig
4 EL Olivenöl »extra vergine«
125 g Walnüsse, gehackt

Endivie, Radicchio und Spinat waschen. Trockenschleudern und zerpflücken. Fenchel und Radieschen in feine Scheiben schneiden. Die Blätter in eine Schüssel füllen. Fenchel, Parmesan und Radieschen und zuletzt die Granatapfelkerne dazugeben.

Aus Salz, Essig und Öl eine Marinade zubereiten und den Salat damit übergießen. Gut durchmischen, mit den Nüssen bestreuen und servieren.

Thunfisch-Mousse mit grünen Bohnen

PIZZE ANTONICCHIE
Kleine süß-pikante Pizzen

150 g Mehl
150 g Zucker
150 g geräucherter Provola oder Emmentaler, gerieben
1 Ei plus 2 Eigelb
1 l Olivenöl zum Ausbacken
1 EL Puderzucker

Mehl, Zucker und Käse vermengen und auf die Arbeitsfläche häufen. In die Mitte eine Mulde drücken. Das Ei mit den Eigelben hineingeben. Mit einer Gabel die Eier in die Mischung einarbeiten und den Teig anschließend 10 Minuten kneten. (Oder geben Sie alle Zutaten in den Mixer.)

Den Teig 2,5 mm dick ausrollen. Mit einem Teigrädchen 8 cm große Kreise ausschneiden.

Das Öl in einer Eisenpfanne bis kurz vor dem Rauchpunkt erhitzen (es ist heiß genug, wenn an den Kanten eines hineingeworfenen Brotstückchens Bläschen entstehen). Die Pizzen portionsweise schwimmend goldgelb ausbacken. Mit dem Schaumlöffel herausnehmen und auf Küchenkrepp abtropfen lassen. Auf einen Teller legen, mit Puderzucker bestreuen und heiß servieren.

Hackbraten im Teigmantel

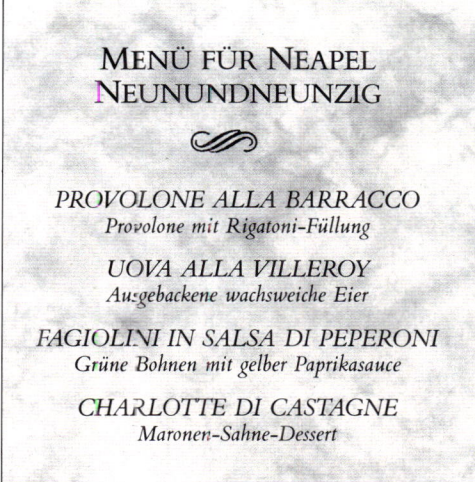

MENÜ FÜR NEAPEL NEUNUNDNEUNZIG

PROVOLONE ALLA BARRACCO
Provolone mit Rigatoni-Füllung

UOVA ALLA VILLEROY
Ausgebackene wachsweiche Eier

FAGIOLINI IN SALSA DI PEPERONI
Grüne Bohnen mit gelber Paprikasauce

CHARLOTTE DI CASTAGNE
Maronen-Sahne-Dessert

Führt Ihr Käseladen keinen Provolone, so verwenden Sie einen anderen pikanten, reifen Käse, dessen Rinde und Form sich zum Aushöhlen eignet. Zwar ist das Pastagericht, in einer normalen Schüssel aufgetragen, auch sehr lecker, doch ist der hier beschriebene Serviervorschlag weit reizvoller.

Bei den ausgebackenen Eiern besteht das Kunststück darin, sie nach dem Panieren (allein das ist schon eine Meisterleistung) so zu fritieren, daß die Eigelbe heiß und zugleich noch flüssig sind. Ich gehe öfter einmal den bequemen Weg und ersetze die Eier durch Hühnerbrüstchen. Auch festes Gemüse, wie Artischocken, Fenchel oder Auberginen, bieten sich für diese Zubereitung an.

In Italien können wir es uns leisten, mit Maronen verschwenderisch umzugehen, da sie überall im Land üppig gedeihen.

Weinempfehlung: Bleiben Sie bis zum Dessert bei einem Fiano di Avellino, einem trockenen Weißwein von leicht strohgelber Farbe. Zum Maronen-Dessert schenken Sie den sherryähnlichen Amber Drops von der Insel Ischia ein.

PROVOLONE ALLA BARRACCO
Provolone mit Rigatoni-Füllung

1 ganzer runder Provolone von ca. 2 kg
50 g getrocknete Steinpilze
10 EL/150 g Butter
225 g Rindfleisch zum Schmoren
225 g Kalbfleisch zum Schmoren
Salz und 1 EL ganze weiße Pfefferkörner
1 Lorbeerblatt
1 Mohrrübe, geschält und feingehackt
1 Zwiebel, gehackt
2 Stangen Bleichsellerie, feingehackt
2 EL Mehl
22 cl Weißwein
2 Hühnerlebern
300 g Rigatoni (kurze Röhrennudeln)
100 g geriebener Parmesan
2 hartgekochte Eier, gehackt
100 g Salsiccia (milde italienische Bratwurst)

Vom Provolone einen Deckel abschneiden und beiseite legen. Den Käse behutsam aushöhlen. 100 g Käse würfeln, den Rest für eine spätere Verwendung beiseite legen (im Kühlschrank hält er sich mindestens 1 Monat). Die Pilze 30 Minuten in 1 Tasse kaltem Wasser einweichen; abtropfen lassen und hacken.

4 EL/50 g Butter in einer Pfanne erhitzen. Das in mundgerechte Stücke geteilte Fleisch mit etwas Salz, den Pfefferkörnern und dem Lorbeerblatt anbräunen. Das Gemüse ein paar Minuten mitdünsten. Mit Mehl bestäuben, Wein und Pilze dazugeben. Das Ganze zugedeckt bei milder Hitze etwa 2 Stunden schmoren, bis das Fleisch zart ist, aber noch nicht zerfällt. Zwischendurch, falls nötig, etwas Wasser angießen. Sie werden etwa 22 cl benötigen.

Die Hühnerlebern kleinschneiden und in 2 EL/30 g Butter einige Minuten scharf anbraten. Würzen und warm stellen.

Die Rigatoni in reichlich sprudelndem Salzwasser *al dente* kochen. Abgießen, mit der restlichen Butter und dem Parmesan vermischen.

Pasta, Fleisch, Hühnerlebern, Eier, Wurst und Provolone vermengen. Alles einige Minuten bei milder Hitze ziehen lassen. Den Provolone mit der Mischung füllen, den Deckel aufsetzen und servieren.

UOVA ALLA VILLEROY
Ausgebackene wachsweiche Eier

4 EL/50 g Butter
150 g Mehl
45 cl Milch
Salz und Pfeffer
2 EL geriebener Parmesan
1 Prise geriebene Muskatnuß
7 Eier plus 2 Eigelb
1 EL Rotweinessig
125 g getrocknete Semmelbrösel
1 l Olivenöl zum Ausbacken

Die Butter in einer kleinen Pfanne langsam schmelzen. 50 g Mehl gründlich einrühren. Langsam die Milch angießen und ½ Minute kochen, bis die Sauce eindickt. Vom Herd ziehen. Mit Salz, Pfeffer, Parmesan und Muskat würzen. Mit den 2 Eigelb binden und beiseite stellen.

Eine etwa 5 cm hohe Kasserolle mit Wasser auffüllen. Mit etwas Salz und dem Essig leise sprudelnd aufkochen. Nacheinander 6

Eier in einen Schaumlöffel schlagen und ins siedende Wasser gleiten lassen. Sobald das Eiweiß stockt (nach 2 Minuten), die Eier in kaltes Wasser tauchen. Anschließend vorsichtig und gleichmäßig mit der lauwarmen Sauce überziehen.

Das letzte Ei mit etwas Salz verquirlen. Die Eier, sobald die Sauce erstarrt ist, zunächst im restlichen Mehl, dann im verquirlten Ei und zuletzt in den Semmelbröseln wenden. Das Öl bis kurz vor dem Rauchpunkt erhitzen. Die Eier 2 Minuten schwimmend ausbacken. Auf Küchenkrepp abtropfen lassen und servieren.

FAGIOLINI IN SALSA DI PEPERONI
Grüne Bohnen mit gelber Paprikasauce

2 gelbe Paprikaschoten
1 Knoblauchknolle
4 EL Olivenöl »extra vergine«
1 kg grüne Bohnen
1 EL gehackte Petersilie
Salz

Die Paprikaschoten mit dem ungeschälten Knoblauch 20 Minuten bei 200°C garen. Paprikaschoten häuten und entkernen, Knoblauch schälen. Beides mit der Hälfte des Öls im Mixer pürieren. Die Sauce salzen und in einem Topf beiseite stellen.

Die Bohnen in kochendem Salzwasser etwa 5 Minuten kochen, so daß sie sehr knackig bleiben. Abtropfen lassen und etwa 5 Minuten im restlichen Öl bei milder Hitze dünsten. Die Sauce aufwärmen. Die Bohnen auf einer Platte anrichten, mit der Sauce übergießen, mit Petersilie bestreuen und servieren.

CHARLOTTE DI CASTAGNE
Maronen-Sahne-Dessert

1 kg Maronen
1 Lorbeerblatt
7 EL/100 g Butter
50 g Puderzucker
300 g Zucker
50 g Kakaopulver
45 cl Sahne
1 TL Mandelöl

Die Maronen in einem großen Topf mit Wasser bedecken. Mit dem Lorbeerblatt zugedeckt etwa 30 Minuten leise sprudelnd kochen. Die Maronen schälen, passieren oder im Mixer pürieren. In einer großen Schüssel die Butter mit 25 g Puderzucker mit dem Holzlöffel cremig rühren. 100 g Zucker mit 2 EL Wasser einige Minuten kochen. Diesen Sirup, das Maronenpüree und das Kakaopulver unter die Buttercreme rühren.

Die Sahne mit dem restlichen Puderzucker steif schlagen und auf eine Dessertplatte häufen. Die Hälfte der Maronen-Butter-Creme in einen Dressiersack mit glatter mittelgroßer Tülle füllen und als Ring um den Sahneberg spritzen. Aus der restlichen Creme walnußgroße Bällchen formen.

Den übrigen Zucker mit 2 EL Wasser erhitzen, bis er karamelisiert. Die Bällchen darin wenden und auf einem mit Mandelöl bestrichenen Teller erkalten lassen. Den Cremering des Desserts damit dekorieren und das Dessert bis zum Servieren kalt stellen.

Provolone mit Rigatoni-Füllung

Neapolitanischer Reisauflauf
Ausgebackene wachsweiche Eier

Der traditionelle *sartù* vereint in seiner hohen, schlanken Form die verschiedensten Zutaten in Kombination mit Reis. Nachfolgendes Rezept verwendet Rind- und Kalbfleisch, Champignons und Zunge, doch auch Bries eignet sich ganz ausgezeichnet für einen solchen Auflauf. Das Gericht erfordert einiges an Vorbereitung, die jedoch frühzeitig erledigt werden kann. Die eigentliche Zubereitung ist unproblematisch und kann in letzter Minute erfolgen.

Die raffinierten Frikadellen sind nur eine der vielfältigen Hackfleischzubereitungen, die die *cucina alto-borghese* kennt. Besonders im Süden muß die Phantasie einen Ausgleich für das begrenzte Fleischangebot schaffen. Die Italiener waren niemals große Steak- und Kartoffelesser, allerdings hegen sie seit jeher eine Vorliebe für Hackbraten, Fleischbällchen und Ähnliches.

In jeder Familie wird die *pastiera*, die traditionelle Ostertorte, etwas anders zubereitet. Mir persönlich sagte das Rezept von Monzù Modugno besonders zu.

Weinempfehlung: Trinken Sie einen der hervorragenden trockenen Rotweine aus Ravello zum Vor- und Hauptgericht und einen Lacryma Christi von den Hängen des Vesuvs zur Torte.

SARTÙ DI RISO
Neapolitanischer Reisauflauf

1 Mohrrübe
1 Stange Bleichsellerie
1 kleine Zwiebel
8 EL/125 g Butter
500 g Arborio-Reis
1 l Fleischbrühe (siehe S. 189)
½ TL gemahlener Safran
150 g geriebener Parmesan
300 g mageres Rindfleisch
4 EL Olivenöl »extra vergine«
4 EL Mehl
1 Gläschen trockener Marsala
300 g Kalbsbrät
1 Ei
100 g frische Champignons
100 g Pökelzunge oder Schinken
1 schwarze Trüffel
100 g ausgehülste Erbsen
50 g getrocknete Semmelbrösel
Salz und Pfeffer

Mohrrübe, Sellerie und Zwiebel hacken. Die Hälfte davon in einem Topf in zwei Dritteln der Butter unter Rühren anbraten. Den Reis einstreuen und bei milder Hitze einige Minuten ziehen lassen. Soviel Brühe angießen, daß der Reis bedeckt ist, und 15 Minuten kochen. Falls nötig, Brühe nachgießen. Den in 1 EL Wasser verrührten Safran dazugeben. Den Herd abschalten. Die Hälfte der restlichen Butter und drei Viertel des Parmesans unter den Reis ziehen. Zum Auskühlen auf eine glatte Fläche gießen.

Das Rindfleisch würfeln. Mit dem restlichen Gemüse in der Hälfte des Öls braten, bis es Farbe annimmt. 2 EL Mehl, Marsala, Salz und Pfeffer dazugeben. Das Ganze zugedeckt etwa 2 Stunden bei milder Hitze schmoren. Ab und zu etwas Wasser nachgießen, damit der Topfinhalt nicht austrocknet.

Das Kalbsbrät mit dem Ei und dem restlichen Parmesan vermengen. Walnußgroße Bällchen formen und im restlichen Mehl wälzen. In der übrigen Butter (bis auf 2 EL/ 25 g) goldbraun braten. Die Pilze in Scheiben schneiden und im restlichen Öl 5 Minuten langsam dünsten.

Zunge bzw. Schinken und Trüffel würfeln. Die Erbsen einige Minuten in Salzwasser kochen und abtropfen lassen.

Eine ofenfeste Form mit der verbliebenen Butter einfetten und mit den Semmelbröseln ausstreuen. Etwa 3 cm hoch Reis in die Form schichten. Danach lageweise Fleischsauce, Hackfleischbällchen und die übrigen Zutaten einfüllen. Den Auflauf etwa 1 Stunde bei 180°C backen. Auf eine Platte stürzen und zu Tisch bringen.

GRANATINE AL MARSALA
Gefüllte Frikadellen in Marsala

1 Handvoll weiche, frische Semmelbrösel
1 Glas Milch
600 g mageres Rinderhack
1 Eigelb
50 g geriebener Parmesan
100 g Butter
3 EL gehackter Schinken
2 EL gehackte Petersilie
2 EL Mehl
12 cl trockener Marsala
Salz und Pfeffer

Semmelbrösel in Milch einweichen und ausdrücken. In einer Schüssel mit Hack, Eigelb, Parmesan, Salz und Pfeffer vermengen.

Drei Viertel der Butter mit dem Schneebesen glattrühren. Schinken und Petersilie unterziehen. Aus der Hackfleischmasse 6 große Frikadellen formen und jeweils etwas Schinkenmischung darin einschließen. Die Frikadellen leicht flachdrücken und ringsum einmehlen.

Die restliche Butter in einer Pfanne erhitzen. Die Frikadellen einige Minuten auf beiden Seiten anbraten. Mit dem Marsala ablöschen und bei milder Hitze 5 Minuten schmoren, ab und zu wenden. Mit dem Kartoffelpüree anrichten und servieren.

PASSATO DI PATATE
Kartoffelpüree

1,5 kg Kartoffeln
7 EL/100 g Butter
22 cl Milch
Salz

Die Kartoffeln kochen. Noch heiß schälen und pürieren. Mit Butter, Salz und Pfeffer in einen Topf geben. Auf kleiner Flamme mit dem Schneebesen schlagen, bis die Butter geschmolzen ist. Langsam unter ständigem Rühren die Milch dazugießen und das Püree nach einigen Minuten vom Herd nehmen.

LA PASTIERA DI MONZÙ MODUGNO
Ricotta-Torte

Für die Füllung:
200 g Dinkel
18 cl Milch
abgeriebene Schale von ½ Orange
1 Prise Zimtpulver
125 g Zucker
50 g kandierte Früchte, z. B. Zitronenschale und Kirschen
2 Eier
½ TL Orangenblütenextrakt
300 g Ricotta
1 EL Puderzucker
Für den Mürbeteig:
200 g Mehl
100 g Butter
2 Eigelb
100 g Zucker

Ricotta-Torte

Den Dinkel in kaltem Wasser waschen. Abtropfen lassen und etwa 20 Minuten mit der Milch, der Orangenschale, dem Zimt und 1 EL Zucker auf kleiner Flamme kochen.

Die kandierten Früchte fein würfeln. Mit dem gekochten Getreide, dem restlichen Zucker, den Eiern und dem in 1 EL Wasser verrührten Orangenblütenextrakt unter den Ricotta ziehen.

Nach der Anleitung auf S. 188 den Mürbeteig herstellen. Drei Viertel davon ausrollen und damit eine 23 cm große gebutterte und leicht bemehlte Springform auskleiden. Die Ricottafüllung hineingeben. Den restlichen Teig ausrollen, in Streifen schneiden und gitterartig über die Torte legen. Bei 180°C etwa 45 Minuten goldgelb backen. Abkühlen lassen, mit Puderzucker bestäuben und servieren.

APULIEN

VILLA REALE IN LECCE

*Schlichte Genüsse einer barocken Stadt im Hause von
Graf Pierandrea Reale und Gräfin Gloria*

Eines der reizvollsten Merkmale Italiens liegt darin, daß es auf relativ kleiner Fläche eine erstaunliche kulturelle Vielfalt bietet und damit seinen Bewohnern die verlockende Möglichkeit eröffnet, als Tourist das eigene Land zu erkunden. So fuhr auch ich an einem heißen Augustwochenende mit einem englischen Freund in Richtung Süden.

Seit Jahren schon hatte Gloria Reale, mit der ich mich während eines Skiurlaubes in Cortina angefreundet hatte, mich wiederholt in ihre Villa in Lecce eingeladen. Das »Florenz des Südens«, wie diese berühmte Stadt häufig genannt wird, ist keineswegs aus der Welt (von der Toskana aus braucht man mit dem Auto einen Tag), und doch mutet der Landstrich, in dem es liegt, abgeschieden und entrückt an. Apulien bildet den Absatz des italienischen Stiefels, und

*Wie ein dicker roter Teppich breiten sich die Futterpflanzen
unter den alten Olivenbäumen Apuliens aus. Oben: Villa Reale*

etwas oberhalb des »Stiefelsporns«, des atemberaubend schönen Gargano. Rechts und links der Straße erstrecken sich endlose Weizenfelder. Das erste größere Zentrum ist Foggia, bereits zur Zeit der Griechen und Römer eine bedeutende Kornkammer. Heute produzieren die Mühlen und Fabriken der Umgebung die beste Pasta Italiens. Hier sind bekannte Firmen ebenso ansässig wie kleinere Familienbetriebe, deren hervorragende Produkte mittlerweile auch in manchen großstädtischen Feinkostgeschäften erhältlich sind. Nicht nur die Qualität der Pasta, ihr einmaliger Geschmack und ihre besondere Konsistenz tragen zu ihrer großen Beliebtheit bei, sondern auch die verschiedenen ungewöhnlichen Formen, in denen sie hergestellt wird.

Allerdings hat der kommerzielle Erfolg die hausgemachte Pasta nicht verdrängen können. Berühmt sind die *orecchiette,* Öhrchen, die die Frauen hier herstellen, indem sie den Daumen in kleine Teigstücke drükken. Die »Ohrmuschel« ist wie geschaffen, um die Pastasauce aufzunehmen. In Apulien kombiniert man Pasta bevorzugt mit Gemüse — Blumenkohl, Paprikaschoten, Brokkoli, Spargel, Artischocken, ja selbst mit Kartoffeln. Mir ist aufgefallen, daß die Bezeichnungen solcher Gerichte oft

Der Salon der Villa Reale

Traditionelle Holzpuppen

Lecce befindet sich, auf drei Seiten vom adriatischen bzw. ionischen Meer umgeben, beinahe an seinem äußersten Ende. Hier, in diesem Teil des ehemaligen *Magna Graecia,* ist es anders als auf Sizilien oder Sardinien, in Neapel oder sonst irgendwo im Süden. In Salento, der Südspitze dieser Region, werden noch immer Feste gefeiert, bei denen *tarantati* die mysteriöse und erotische *tarantella* tanzen. Unweit von Bari, Hauptstadt Apuliens und zugleich bedeutender Industriehafen, stehen die *trulli,* seltsame und malerische prähistorische — zum Teil noch immer bewohnte — Steinhäuser mit konischen Dächern, deren Spitzen weiß getüncht und mit alten mystischen Symbolen geschmückt sind. Die Apulier, meist von großer Statur und würdigem Aussehen, sind ein schöner Menschenschlag, in dem die hellenistische Vergangenheit ebenso zum Ausdruck kommt wie der gegenwärtige Wohlstand. Sie sind zurückhaltender als die Neapolitaner und besitzen dennoch die für den Süden so typische Wärme und Herzlichkeit.

Die nördliche Grenze Apuliens verläuft

erst das Gemüse und dann die Pasta nennen.

Die dominierende Rolle von Gemüse ist typisch für die Küche dieser Region, und während man die fruchtbare Ebene von Bari durchfährt, erkennt man auch den Grund hierfür. Hier gedeihen Oliven, Trauben, Getreide, Nüsse, Obst und die unterschiedlichsten Gemüse in Hülle und Fülle. Ein Großteil der Früchte wird zu Konserven oder Marmeladen verarbeitet, und Trockenobst aus Apulien ist in ganz Italien wegen seiner geradezu saftigen Beschaffenheit sehr geschätzt. Ein einfaches, aber höchst ungewöhnliches Dessert erhält man durch Marinieren von Trockenfrüchten in Aleatico di Puglia, einem samtigen, zartsüßen und aromatischen Rotwein der Region. Die berühmtesten Trockenfrüchte aber sind zweifellos *fichi mandorlati* (getrocknete, mit Mandeln gefüllte, mit Fenchelsamen gewürzte und im Ofen gebackene Feigen), die um so besser munden, je mehr sie durchgegart sind. Verlangen Sie sie also *ben cotti*.

Etwas weiter südlich liegt Brindisi. Hier endet die Via Appia, und von hier laufen jeden Abend Schiffe in Richtung Griechenland aus. Wir befinden uns im Land der Melonen. Sie werden unreif geerntet, und zuweilen sieht man sie im Schatten an der Hauswand hängen, wo sie sich bis Weihnachten und sogar bis ins neue Jahr halten. Versuchen Sie bei nächster Gelegenheit unbedingt ein Antipasto aus *prosciutto* und diesen süßen, festfleischigen Melonen.

In dieser Gegend gibt es noch viele *masserie*, alte große Bauenhöfe, in denen man nach wie vor die traditionellen Käsesorten der Region kaufen kann. Zu den ungewöhnlichsten zählt *burrata*, ein birnenförmiger Schafskäse, der einen Klumpen frischer, süßer Butter enthält. Deftiger ist getrockneter Ricotta, der, über heiße *pasta pugliese* gerieben, ein köstliches Aroma entfaltet. Typisch ist auch, neben den vielen Räucherkäsen dieser Region, der *treccia*, ein aus Mozzarellasträngen geflochtener Zopf.

Die weiß gekalkten Häuser von Ostuni

Die einstündige Fahrt von Brindisi nach Lecce führt uns zwischen endlosen Olivenhainen hindurch. (Apulien ist Italiens größter Traubenlieferant, Lecce dagegen der wichtigste Ölproduzent.) Allerdings gedeiht hier nicht der kleine knorrige Olivenbaum, den man überall in den toskanischen Hügeln sieht, sondern in diesem heißen Klima wächst er zu wuchtigen Ausmaßen heran. Seine Früchte sind dicker und praller als die in der Toskana geernteten, das Öl ist mild und rund im Aroma. Mit Sardellen und Knoblauch aromatisiert ergibt es die perfekte Sauce für ein *pinzimonio pugliese*, einen Dip, in den man rohes, möglichst leicht bitteres Gemüse, wie Fenchel, Radicchio und Endivie, tunkt.

Von Norden nach Lecce kommend, fährt man durch die Porta Napoli, eines seiner drei alten Stadttore. Die engen Straßen und kleinen Plätze sind mit Kirchen, Palästen und öffentlichen Gebäuden gesäumt, die durch einen einmaligen Barockstil überra-

schen. Da das gelbe Gestein dieser Gegend sehr weich ist, konnten Baumeister und Kunsthandwerker ihre Kreativität frei entfalten und verliehen den Bauten eine üppige und fröhliche, niemals aber protzig oder kitschig wirkende Ornamentik.

Das moderne Lecce ist kein verschlafenes Städtchen im tiefsten Süden des Landes, das sich allein durch einen eigenartigen Baustil auszeichnet, sondern eine lebendige und offensichtlich wohlhabende Provinzhauptstadt. Hier gibt die Jugend den Ton an. Die Universität besitzt mehrere Fakultäten und unter anderem einen der nur zwei in Italien bestehenden Lehrstühle für das Bankwesen.

Gloria Reale hat uns zum dreitägigen Fest zu Ehren der Schutzheiligen von Lecce — Oronzo, Giusto und Fortunato — eingeladen. Die gebürtige Römerin zog bei ihrer Hochzeit hierher und bewohnt seitdem mit ihrem Mann Pierandrea eine prachtvolle, unmittelbar vor der alten Stadtmauer gele-

Trulli, prähistorische Steinbauten, bei Locorotondo

gene Villa aus dem 19. Jahrhundert. Der dazugehörige, riesige Park ist zum Teil als italienischer Garten angelegt und eines der frühen Meisterwerke des bekannten Florentiner Landschaftsarchitekten Piero Porcinai.

Man sollte Lecce zu Fuß erkunden. Gloria ist die perfekte Fremdenführerin. Frühmorgens, solange es noch kühl ist, brechen wir zu unseren Streifzügen auf. Ausgangspunkt ist jedesmal die Piazza Sant'Oronzo, das pulsierende Herz der Stadt. Im Café Alvino, in dem sich bereits halb Lecce drängt, nehmen wir zunächst ein schnelles Frühstück in Form eines Cappuccino und eines heißen Gebäckstücks ein. Auch in den beiden anderen Bars an der Piazza herrscht, wie eigentlich für ganz Italien typisch, zu dieser frühen Stunde bereits reger Betrieb. Gloria empfiehlt mir ein Gebäck, das aussieht wie ein kleiner goldgelber Brotlaib und mit einer süßen Ricotta-Creme gefüllt ist.

Schon auf den ersten Blick erkennt man die feine Backtradition dieser Stadt. Als Mittagsimbiß bekommt man häufig *rustici,* kleine runde Blätterteighüllen, mit einer cremigen Käsesauce gefüllt und obenauf einer Tomatenscheibe. In den Schaufenstern jeder *bar* und Bäckerei liegen Pizza-

schnitten, die gewöhnlich mit Gemüse oder sogar mit dünnen Kartoffelscheiben belegt sind. Daneben prangt das vielgerühmte *pane pugliese* in Form großer Räder mit harter, goldbrauner Kruste und kerniger, großporiger Krume, das optimale Picknickbrot, besonders, wenn in seinen Teig Oliven gemengt wurden. In Apulien, genauer gesagt in Bari, erfand ein einfallsreicher Bäcker namens Felice Lippoli Ende des 19. Jahrhunderts das famose *gelato al forno,* indem er eine Scheibe Eiscreme zwischen zwei Brotscheiben legte, mit Zucker und kandierten Früchten bestreute und das Ganze kurz im Ofen backte.

Bei einem unserer Spaziergänge führte Gloria uns zu einem hübsch gelegenen Kloster der Benediktinerinnen, wo uns eine Überraschung erwartete. Am Eingang war in die Wand ein Drehkreuz eingefügt, eine seit langem in Nonnenklostern übliche Einrichtung, die den Handel mit der Außenwelt ohne Blickkontakt ermöglicht. Gloria klingelte, und nach einer guten Weile vernahmen wir Schritte, das Rascheln eines Habits und alsbald in singendem Tonfall die Worte »Sia lodato Gesù Cristo!« (Gelobt sei der Herr!). Nach einer kurzen Begrüßung fragte Gloria die Schwester, ob wir einen *pesce di natale,* einen Weihnachtsfisch, kaufen könnten — für Ende August wahrlich ein merkwürdiger Wunsch. Wieder mußten wir etwas warten (hier zählt nicht die Zeit, sondern nur die Ewigkeit), bis die Schwester zurückkehrte und das Drehkreuz betätigte. Zum Vorschein kam ein wunderschöner, aus Mandeln und Zucker hergestellter Kuchen in Gestalt eines Fisches, der sogar geschuppt war, ein Auge in Form einer Kaffeebohne besaß und, wie wir später entdeckten, mit Marmelade gefüllt war. Der Fisch ist ein frühchristliches Symbol, das sich aus einem griechischen Anagramm ableitet. Zu Ostern backen die Schwestern denselben Kuchen in Form eines Lamms.

Mandeln sind ein Hauptanbauprodukt Apuliens und werden auf vielfältigste Weise verarbeitet. Unübersehbar waren die

während der Feiertage in den größeren Straßen und Plätzen aufgebauten Stände mit ihrem Angebot an gebrannten Mandeln und *torrone,* einer zu Stangen geformten Masse aus gerösteten Mandeln, Honig und Zucker. Wenn uns am späten Nachmittag die Kräfte verließen, stärkten wir uns mit *latte di mandorle* (Mandelmilch).

In den Cafés von Lecce bekommt man noch ein anderes erfrischendes Getränk, *caffè con ghiaccio* (Kaffee mit Eis), der nicht zu verwechseln ist mit *caffè freddo,* dem stark gesüßten Kaffee, der in großen Mengen bereitet und dann kalt gestellt wird. Wenn man *caffè con ghiaccio* bestellt, bringt der Kellner ein Glas voller Eiswürfel und dazu eine Tasse frischen, heißen Espresso, den man sofort über das Eis gießt und trinkt. Dies muß schnell geschehen, um genau den kurzen Augenblick zu erwischen, in dem der Kaffee schon eiskalt ist, sein volles Aroma aber noch nicht eingebüßt hat. Hier im Süden wird selbst das Kaffeetrinken als Kunst zelebriert.

An einem anderen Morgen fuhren wir hinüber nach Gallipoli, einer malerischen mittelalterlichen Stadt an der ionischen Küste, und setzten von dort über auf die kleine nahegelegene Isola S. Andrea. Auf dieser Fischerinsel mit ihren weiß getünchten Häusern bekommt man eine hervorragende *zuppa di pesce.* Das Rezept geht auf die

Rustikales Brot aus Lecce

griechische Herrschaftsperiode zurück und enthält eine unbeschreibliche Vielfalt von Fischen, die mit Olivenöl, Zwiebeln und Essig gegart und reichlich gepfeffert wird. Auf dem Fischmarkt erstand Gloria einen frischen Zahnbrassen *(dentice)*, den sie abends mit Rosmarin und Petersilie in Olivenöl und Weißwein dünstete.

An zwei Abenden schauten wir uns Theateraufführungen an, die ein Teil des von der Stadt organisierten Festprogramms waren. Unmittelbar neben der Piazza Sant'Oronzo befindet sich ein römisches Amphitheater, und in der Innenstadt gibt es ein weiteres kleines Theater aus römischer Zeit. Ein Abend bescherte uns das Vergnügen, bei einer Freundin Glorias von der Terrasse aus, die direkt über dem Theater liegt, eine Aufführung im lokalen Dialekt mitzuerleben. Bei dem anschließenden Abendessen folgte ein weiterer Genuß: gefüllter Gänsehals mit roten Rüben. Dieses Gemüse, ebenfalls eine Spezialität Apuliens, wächst hier mancherorts sogar wild. Man verarbeitet es samt den Blättern, die ähnlich wie Spinat zubereitet werden. Unsere Gastgeberin garte die roten Rüben in Folie, übergoß die Scheiben mit einer pikanten Marinade und bestreute sie zuletzt mit frischer Pfefferminze.

Beim abschließenden Kaffee kamen wir in den Genuß einer weiteren lokalen Delikatesse namens *cotognata* (Quittenbrot). Für dieses süße rosenrote Konfekt werden pürierte Quitten mit Zucker zu einer dickflüssigen Masse eingekocht, die man dann auf eine ebene Fläche gießt, etwa 1 cm dick ausstreicht, in der Sonne trocknen läßt und schließlich in Stückchen schneidet. In den Läden von Lecce wird es in kleinen handgeflochtenen Spanschachteln als Souvenir angeboten.

Am letzten Abend gaben Gloria und Pierandrea eine Dinnerparty. Dafür hatten sie die Tische auf der Terrasse ihres herrlichen Gartens mit wunderschönem alten Geschirr gedeckt, das als *Grottaglie* bekannt ist und in dieser Region hergestellt wird. Zum ersten Gang servierte Gloria einen Pudding

Regionale Käsespezialitäten, darunter Pecorino, Cacio ricotta, Pampanella und Ricotta forte, aus der Masseria Carestia, die von Freunden der Familie Reale bewirtschaftet wird

aus dicken Bohnen mit Endivie, zwei für diese Gegend typischen Gemüsesorten. Als Hauptspeise folgte eines der wenigen regionalen Fleischgerichte, winzige Milchlammkoteletts, die mit Tomaten, Steinpilzen, Sardellen und Kapern in der Papierhülle gegart waren. Und das Dessert schließlich wurde versüßt durch ein spektakuläres Feuerwerk (auch dies eine Spezialität Apuliens), mit dem die Festtage und unser Besuch in Lecce einen brillanten Abschluß fanden.

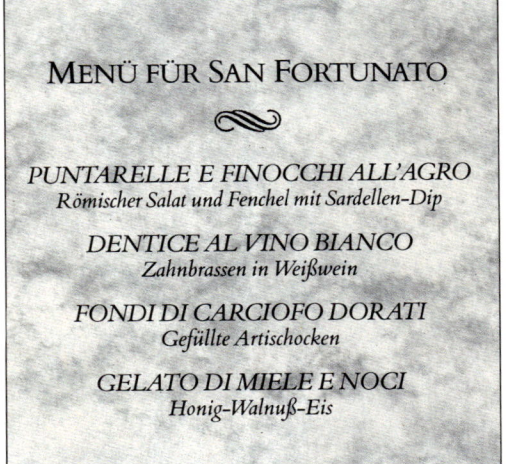

MENÜ FÜR SAN FORTUNATO

PUNTARELLE E FINOCCHI ALL'AGRO
Römischer Salat und Fenchel mit Sardellen-Dip

DENTICE AL VINO BIANCO
Zahnbrassen in Weißwein

FONDI DI CARCIOFO DORATI
Gefüllte Artischocken

GELATO DI MIELE E NOCI
Honig-Walnuß-Eis

Neben Römischem Salat eignen sich auch Eskariol oder andere Blattsalate für die Rohkostplatte. Der Zahnbrassen ist ein typischer Mittelmeerfisch. Ersetzen läßt er sich in diesem Rezept durch jeden anderen weiß- und festfleischigen Fisch entsprechender Größe.

Bevor ich mir eine Eismaschine anschaffte, stellte ich *gelato* her, indem ich die Mischung gefror, dann in den Mixer und anschließend sofort wieder ins Gefrierfach gab.

Weinempfehlung: Stellen Sie einen Locorotondo kalt, einen lokalen Weißwein, der mit seinem trockenen, zarten Aroma besonders gut zu Fisch paßt.

PUNTARELLE E FINOCCHI ALL'AGRO
Römischer Salat und Fenchel mit Sardellen-Dip

¹/₂ kg Römischer oder anderer grüner Blattsalat
3 Fenchelknollen
2 Sardellenfilets in Öl
Saft von 1 Zitrone
2 Knoblauchzehen, feingehackt
6 EL Olivenöl »extra vergine«
Salz und Pfeffer

Den Salat verlesen, die Blätter in eine Schüssel mit Eiswasser legen. Die Fenchelknollen oben stutzen und von den welken Außenblättern befreien. Längs so vierteln, daß die Knollen unten noch zusammenhängen. Die abgetropften Salatblätter mit dem Fenchel auf einer Platte anrichten.

In einer Schüssel die Sardellenfilets zerdrücken. Mit 1 Prise Salz und Pfeffer und dem Zitronensaft vermischen. Zuletzt das Öl gründlich einrühren. Den Dip in die Tischmitte stellen.

DENTICE AL VINO BIANCO
Zahnbrassen in Weißwein

1 weiß- und festfleischiger Fisch von ca. 2 kg
1 Rosmarinzweig
1 EL Rotweinessig
4 EL Olivenöl »extra vergine«
1 Zitrone, in Scheiben geschnitten
1 Glas Weißwein
1 EL gehackte Petersilie
Salz und Pfeffer

Den Fisch säubern. Den Rosmarin mit dem Essig benetzen, mit Salz und Pfeffer bestreuen und in den Fisch geben.

Den Fisch mit der Hälfte des Öls in eine ofenfeste Form legen. Mit den Zitronenscheiben bedecken. Salzen, pfeffern, mit dem restlichen Öl und dem Wein übergießen. Etwa 20 Minuten bei 200 °C dünsten, dabei häufig mit dem Fond beträufeln. Mit Petersilie bestreuen und servieren.

FONDI DI CARCIOFO DORATI
Gefüllte Artischocken

6 Artischocken
Saft von 1 Zitrone

Römischer Salat und Fenchel mit Sardellen-Dip

Zahnbrassen in Weißwein

2 Zwiebeln
4 EL Olivenöl »extra vergine«
1 Prise geriebene Muskatnuß
2 Eigelb
6 EL geriebener Parmesan
2 EL getrocknete Semmelbrösel
Salz und Pfeffer

Die Artischocken vorbereiten. Die harten, holzigen Außenblätter und Stengel entfernen. Artischocken aushöhlen, damit sie gefüllt werden können. Dann sofort in mit Zitronensaft gesäuertes Wasser legen, damit sie sich nicht dunkel verfärben. In leicht gesalzenem Wasser 5 Minuten kochen. Abtropfen lassen und trockentupfen.

Die Zwiebeln in Scheiben schneiden und in 2 EL Öl unter Rühren anbraten. Mit Salz, Pfeffer und Muskatnuß würzen und vom Herd nehmen. Passieren und gründlich mit den Eigelben und dem Parmesan vermengen.

Eine ofenfeste Form einölen und ½ Glas Wasser hineingießen. Die Artischocken mit dem Püree füllen, mit den Semmelbröseln bestreuen und mit dem restlichen Öl beträufeln. 20 Minuten bei 200°C backen und sofort servieren.

GELATO DI MIELE E NOCI
Honig-Walnuß-Eis

6 Eigelb
200 g Zucker
6 EL Honig
30 cl Milch
100 g Walnußkerne, gehackt

Die Eigelbe mit dem Zucker im Wasserbad aufschlagen, bis die Mischung eindickt. Honig und Milch zufügen und unter Rühren kochen, bis die Creme eindickt. Abkühlen lassen und in die Eismaschine füllen. Die fertige Eiscreme auf einem Teller anrichten, mit den Walnüssen bestreuen und servieren.

MENÜ FÜR SAN GIUSTO

PENNE CON I CARCIOFI
Kurze Pasta mit Artischocken

COLLO D'OCA RIPIENO
Gefüllter Gänsehals

BARBABIETOLE ALLA MENTA
Rote Rüben mit Pfefferminze

FRUTTA SECCA AL VINO BIANCO
Trockenfrüchte in Weißwein

Für das Pastagericht bieten sich die kleinen, zarten Frühlingsartischocken an. Doch lassen sich auch reifere Exemplare verwenden, sofern man alle harten Blätter abzupft. Ich mag die Kombination von knackigem gedünsteten Gemüse und kurzer Pasta. Gut passen auch Fenchel oder Brokkoli.

Hühnerhals wird auf dieselbe Weise gefüllt wie Gänsehals, und beide sind, kalt mit Mayonnaise serviert, gleichermaßen schmackhaft.

Üblicherweise reichern die Italiener ihre Salatdressings nicht mit Senf an, denn sie möchten den feinen Ölgeschmack nicht übertönen. Den süßen roten Rüben aber verleiht Senf einen angenehm pikanten Touch.

In Apulien würde man die Trockenfrüchte in Aleatico beizen, doch eignet sich jeder gute Dessertwein.

Weinempfehlung: Eine hervorragende Wahl würden Sie mit dem Five Roses treffen, einem ungewöhnlichen, weinigen, trockenen Rosé.

PENNE CON I CARCIOFI
Kurze Pasta mit Artischocken

6 kleine, zarte Artischocken
15 cl Olivenöl »extra vergine«
100 g ungeräucherter Bauchspeck

---

2 Knoblauchzehen, gehackt
450 g Penne (kurze Pasta)
6 EL geriebener Parmesan
Salz und Pfeffer

Die Artischocken säubern. Je nach Größe längs halbieren, vierteln oder achteln. In der Hälfte des Öls auf kleiner Flamme 15 Minuten weich dünsten, dabei gelegentlich rühren.

Den Speck in einer großen Pfanne mit dem übrigen Öl und dem Knoblauch bei mäßiger Hitze anbräunen. Die Pasta in sprudelndem Salzwasser *al dente* garen. Abgießen und zum Speck geben. Die Artischocken zufügen. Das Ganze zugedeckt auf kleiner Flamme einige Minuten ziehen lassen und ein paarmal durchmischen. In eine Schüssel füllen, mit dem Parmesan bestreuen und servieren.

COLLO D'OCA RIPIENO
Gefüllter Gänsehals

1 Gänsehals (oder Hühnerhals)
100 g Schinken
100 g Mortadella
1 große Handvoll weiche frische Semmelbrösel
1 Glas plus 1 EL Milch
350 g mageres Schweinehack
225 g mageres Kalbsbrät
1 hartgekochtes Ei, gehackt, und 1 rohes Ei
50 g geriebener Parmesan
1 EL gehackter frischer Thymian
1 Mohrrübe
1 Zwiebel
1 Stange Bleichsellerie
2 Gewürznelken
1 Bund Petersilie
1 Lorbeerblatt
1 Eigelb
10 cl Olivenöl »extra vergine«
Saft von 1 Zitrone
Salz und Pfeffer

Den Gänsehals ausbeinen. Schinken und Mortadella hacken. Die Semmelbrösel in 1 Glas Milch einweichen und ausdrücken. Das Gehackte mit den Semmelbröseln, dem gehackten und dem rohen Ei, dem Parmesan, Salz und Pfeffer vermengen. Den Gänsehals damit füllen und in ein Mulltuch einschlagen.

Einen Topf mit Salzwasser aufsetzen. Das Gemüse, die Kräuter, Nelke und Lorbeer 30 Minuten kochen. Den Gänsehals hineingeben und etwa 40 Minuten kochen.

Das Eigelb im Mixer verquirlen. Das Öl in feinem Strahl dazugeben und rühren, bis sich eine Mayonnaise ergibt. Salzen und pfeffern. Mit dem Zitronensaft und 1 EL Milch verdünnen.

Den Gänsehals aus dem Topf nehmen, auswickeln und abkühlen lassen. In Scheiben schneiden und auf einer Platte anrichten. Mit der Mayonnaise übergießen und servieren.

BARBABIETOLE ALLA MENTA
Rote Rüben mit Pfefferminze

3 große rote Rüben
1 EL Rotweinessig
1 TL Senfpulver
4 EL Olivenöl »extra vergine«
1 Handvoll Pfefferminzblätter
Salz

Die Rüben waschen und einzeln in Folie wickeln. Bei 180°C etwa 1 Stunde garen, bis sie zart sind. Schälen und abkühlen lassen. In Scheiben schneiden und auf einem Teller anrichten.

Salz, Essig, Senfpulver und Öl zu einer Marinade verrühren und diese über das Gemüse gießen. Mit Pfefferminze garnieren und servieren.

Rote Rüben mit Pfefferminze

FRUTTA SECCA AL VINO BIANCO
Trockenfrüchte in Weißwein

300 g getrocknete Aprikosen, Pflaumen, Feigen
125 g Zucker
1/2 Flasche weißer Dessertwein

Früchte und Zucker in einem Topf mit Wasser bedecken. Bei milder Hitze zugedeckt etwa 10 Minuten kochen, abtropfen lassen. Nach dem Erkalten in einer Schüssel völlig mit Wein bedecken. 24 Stunden marinieren. Die Früchte mit etwas Wein in einzelnen Schalen anrichten.

MENÜ FÜR SANT'ORONZO

SFORMATO DI FAVE E CICORIA
Pudding von dicken Bohnen mit Endivie

COSTOLETTE D'AGNELLO AI CAPPERI
Lammkoteletts in Papierhülle

FORMELLE DI SPINACI
Kleiner Spinatauflauf

PERE CARAMELLATE
Karamel-Birnen

Der erste Gang vereint zwei einfache, in Apulien heimische Zutaten — dicke Bohnen und Endivie — zu einer unprätentiösen, aber zugleich eleganten Zubereitung.

In Italien ißt man gerne sehr junges Lamm. Das Fleisch schon etwas älterer Tiere gibt während des Garens Saft ab. Damit er verdampfen kann, öffnen Sie gegen Ende des Garvorgangs die Papierhülle.

Probieren Sie das Rezept für die Birnen auch einmal mit Pfirsichen. Sie werden angenehm überrascht sein.

Weinempfehlung: Zum Lamm paßt ausgezeichnet ein gereifter Torre Quarto, einer der erlesensten Rotweine Apuliens, und zum Dessert der likörartige Negrino, den Ihre Gäste bestimmt auch nach dem Dessert noch genießen werden.

SFORMATO DI FAVE E CICORIA
Pudding von dicken Bohnen mit Endivie

100 g ungeräucherter Bauchspeck
1 Zwiebel
4 EL Olivenöl »extra vergine«
600 g dicke Bohnen, ausgehülst
½ Glas Weißwein
1 kleiner Kopfsalat, geraspelt

2 große Kartoffeln
2 Eier
600 g Endivie
100 g Prosciutto, fein aufgeschnitten
Salz

Speck und Zwiebel hacken und in 2 EL Öl glasig schwitzen. Die Bohnen mit dem Wein und 1 Prise Salz zum Speck geben und auf kleiner Flamme garen, bis sie zart sind. Den geraspelten Salat zufügen und 5 Minuten mitdünsten. Das Ganze passieren oder im Mixer pürieren.

Die Kartoffeln kochen, abgießen, schälen und heiß pürieren. Die beiden Pürees und die Eier vermengen. Die Masse in eine eingeölte Form füllen, ins Wasserbad stellen und bei 180°C etwa 45 Minuten garen.

Etwa 20 Minuten vor dem Servieren die Endivie blanchieren und abtropfen lassen. Mit dem Prosciutto und dem restlichen Öl etwa 10 Minuten bei milder Hitze dünsten. Gelegentlich rühren. Salzen. Den Auflauf auf einen Teller stürzen, mit dem Endiviengemüse umlegen und servieren.

COSTOLETTE D'AGNELLO AI CAPPERI
Lammkoteletts in Papierhülle

1 EL getrocknete Steinpilze
6 reife Eiertomaten
1 EL Kapern
3 Sardellenfilets in Öl
6 dicke Lammkoteletts
3 EL Olivenöl »extra vergine«
Salz und Pfeffer

Die Pilze etwa 30 Minuten in Wasser einweichen; ausdrücken und hacken. Die Tomaten kurz überbrühen; abtropfen lassen, häuten und hacken. Die Kapern hacken, die Sardellenfilets zerdrücken.

Sechs Blätter Pergamentpapier leicht einölen. Auf jedes 1 Kotelett legen. Die übrigen Zutaten darauf verteilen. Salzen, pfeffern und mit dem restlichen Öl beträufeln. Die Koteletts in das Papier einwickeln. 15 Minuten bei

230°C garen. Die Papierhüllen öffnen. Die Koteletts auf einer Platte anrichten und servieren.

FORMELLE DI SPINACI
Kleiner Spinatauflauf

1,5 kg frischer Spinat
4 EL Olivenöl »extra vergine«
3 Eier
50 g geriebener Parmesan
1 Prise geriebene Muskatnuß
Salz und Pfeffer

Den Spinat verlesen und waschen, Stiele nicht entfernen. Einige Minuten in kochendem Salzwasser garen und ausdrücken.

3 EL Olivenöl in einer Kasserolle erhitzen. Den Spinat unter häufigem Rühren etwa 5 Minuten dünsten. Fein hacken. Mit Eiern, Parmesan, Muskatnuß, Salz und Pfeffer in einer Schüssel gut vermischen.

Die Masse in 6 eingeölte Förmchen verteilen und glattstreichen. Im Wasserbad 20 Minuten bei 180°C garen, bis ein in die Mitte gestochenes Holzstäbchen trocken herauskommt. Die Aufläufe auf eine Platte stürzen und servieren.

PERE CARAMELLATE
Karamel-Birnen

6 reife Birnen
2 EL/25 g Butter
6 Amaretti, zerstoßen
4 EL Himbeermarmelade (oder -gelee)
4 EL Zucker

Die Birnen schälen, längs halbieren und vom Kerngehäuse befreien. Mit der Schnittfläche nach oben in eine gebutterte Form legen. Amaretti und Marmelade mischen und in die Birnen füllen. Die Früchte mit Zucker bestreuen. 15 Minuten bei 200°C backen. Einige Minuten den Grill zuschalten, bis der Zucker karamelisiert, und die Birnen servieren.

Pudding von dicken Bohnen mit Endivie

SIZILIEN

REGALEALI IN CALTANISSETTA

*Erlesene Speisen und edle Tropfen auf dem Landsitz
und Weingut von Graf Giuseppe Tasca d'Almerita*

Aus mehr als einem Grunde ist Sizilien der angemessenste Ort, um unsere gastronomische Reise zu beschließen. Der eine ist der, daß es am südlichsten liegt. Nur ein paar Kilometer weiter südlich beginnt Afrika. An einem klaren Tag kann man seine Küste sehen, und an jedem Tag ist sein Einfluß in der Kunst, der Architektur, der Phy-

siognomie, ja sogar der Gastronomie zu spüren.

Der andere, zwingendere Grund liegt darin, daß auf dieser größten der Mittelmeerinseln sämtliche Vorzüge (und Mißstände!) Italiens am deutlichsten zum Ausdruck kommen.

Sizilien ist das reinste Füllhorn. Es quillt

*Weingärten der Familie Tasca im Herzen Siziliens
Oben: Die Villa von Regaleali*

173

schier über vor Blumen, Früchten und anderen Erzeugnissen mehr. Am liebsten besuche ich die Insel in den ersten Frühlingstagen. Ende März steht hier schon alles in voller Blüte: Azaleen, Mimosen, Oleander, Akazien, Hibiskus, Kaskaden von Bougainvilleas, Jacaranda-Alleen, Mandel- und Pistazienbäume, Orangen- und Zitronenplantagen und natürlich die allgegenwärtigen gigantischen Kakteen. Dazwischen schimmern die silbrigen Blätter imposanter Olivenbäume, erstrecken sich überall in sattem Grün strotzende Weingärten. Mit Fug und Recht nannten die Phönizier die Hauptstadt dieses Füllhorns »Ziz«, was soviel heißt wie »Blüte«. Es verwundert nicht, daß Palermo den ältesten botanischen Garten besitzt, dessen malerisch angelegte Wege von allen nur erdenklichen exotischen Bäumen und Gewächsen gesäumt sind und der noch immer zu den schönsten Parks Europas zählt.

Der Markt Palermos, der sich in der Altstadt über etliche Straßen hinweg ausdehnt, ist nur einer der vielen Orte auf dieser Insel, an dem sich ganz gegensätzliche Kulturen begegnen. Manchmal, wenn ich durch die engen Gassen mit ihren dicht an dicht stehenden Ständen gehe, wähne ich mich in Tunis oder Marrakesch. Wohin das Auge schweift, häuft und türmt sich Gemüse und Obst in den leuchtendsten Farben: weißer Fenchel, violettrote Artischocken mit bizarren Blättern, scharlachfarbene Radieschen, Berge leuchtendroter, gelber und grüner Paprikaschoten, Pyramiden von Blutorangen, Körbe voll Feigen und Büschel praller Datteln.

Am meisten erstaunt aber, daß alles zugleich zu blühen und zu reifen scheint. Hier läßt der Frühling nicht lange auf sich warten. In Agrigent, an der Südküste, begrüßt man ihn am ersten Februarsonntag mit dem Mandelblütenfest, und die Vorhut des sizilianischen Frühlings trifft bei meinem Mailänder Obst- und Gemüsehändler ein, wenn dort noch tiefster Winter herrscht.

Auf Sizilien spiegelt sich die praktisch das ganze Jahr während Fülle der Früchte der Natur in einer gleichermaßen verschwenderischen Gastronomie wider. Um dies zu veranschaulichen, beginnen wir am besten am Ende der Mahlzeit, mit den Desserts. Vermutlich geht die Vorliebe der Sizilianer für Süßes auf die Sarazenen zurück, die im 9. Jahrhundert hier einfielen. Wie dem auch sei, raffinierte Süßspeisen sind aus dieser Küche nicht wegzudenken, und nicht selten liegt ihnen eine symbolische Bedeutung zugrunde. So waren die *cannoli,* knusprige Teigröhrchen mit einer cremigen Füllung aus Ricotta, kandierten Früchten, Pistazien und Schokolade, vermutlich zunächst einmal ein eßbares Fruchtbarkeitssymbol. Inzwischen haben sie sich in der internationalen Küche fest etabliert und sind selbstredend auch in der New Yorker Erotic Bakery vertreten. Noch heute sind sie ein traditionelles Gebäck für den Karneval, mit dem man die Wiederkehr des Frühlings und damit der Lebenskräfte feiert. Eine sizilianische Freundin erinnert sich, daß ihre Großmutter auch zu Ostern *cannoli* backte, die sie ihren Nachbarn zum Geschenk machte.

Lassen Sie also in Sizilien immer noch etwas Platz für das Dessert und vielleicht sogar für ein Eis beim nachfolgenden Spaziergang. Es steht in dem Ruf, das beste der Welt zu sein, und gewiß trifft dies auf die sizilianischen Sorbets zu. Möchten Sie einen Vorgeschmack auf das Paradies genießen, so bestellen Sie eine doppelte Portion *gelsomino* (Jasmin).

Wenn denn diesen Süßspeisen die Königskrone gebührt, dann ist die Pasta, die angeblich hier erfunden wurde und ein Hauptnahrungsmittel darstellt, die Königin dieser Küche. Jeder Sizilianer wird Ihnen versichern, daß das Getreide bzw. Mehl den Unterschied ausmacht. Und tatsächlich besitzt die hiesige Pasta einen so ausgeprägten Eigengeschmack, daß sie nur weniger ergänzender Zutaten bedarf. Fleisch- und Käsesaucen sind selten. Statt dessen macht sich die sizilianische Küche den Reichtum an aromatischen Kräutern und Gemüsen zunutze. Eine höchst gelungene Ausnahme bildet *pasta alle sarde,* eine Spezialität Paler-

Ragusa-Ibla, zwei zusammengewachsene Städte im Südwesten Siziliens

Trompe-l'œil-Tapete und Marmorstatue in der Villa Tasca, Palermo

lenten Wein, sondern beschäftigt darüber hinaus seit über fünfunddreißig Jahren einen der besten Köche Siziliens, Mario Lo Menzo. Das letztemal war ich anläßlich der Hochzeit einer Enkelin von Graf Giuseppe auf Sizilien. Vermutlich ist die Braut, Donna Fabrizia Lanza di Mazzarino, die einzige der dreihundert Teilnehmer an jenem grandiosen Fest, die sich nicht mehr bis ins kleinste köstliche Detail an all das entsinnen kann, was Mario seinerzeit in der herrlichen Familienvilla in Palermo aufgetischt hatte.

Sogar eine größere nationale Tageszeitung berichtete am nächsten Tag in allen Einzelheiten über das Festessen. Es gab Pilawreis mit Hummer und Shrimps oder auch mit Lammfrikassee, Vol-au-vents mit einer Farce aus schwarzen Trüffeln und Prosciutto, eine Schwertfisch-Mousse, an die sich selbst die Braut erinnern wird, Schinken im Teigmantel, Hammelbraten, riesige Fischplatten und eine Hochzeitstorte aus Blätterteig.

Diesmal ist der Anlaß für meinen Besuch

Portrait von Margherita di Savoia (1874)

mos, die mit Sardinen, frischem Fenchel, Sardellen, Safran, Rosinen und Pinienkernen zubereitet wird.

Eingerahmt in derartige Köstlichkeiten, kommt dem zweiten Gang, wie es scheint, nur eine zweitrangige Bedeutung zu. Fleisch spielt hier eine relativ unbedeutende Rolle, wenn man von einer Handvoll schmackhafter Wurstprodukte der *cucina povera* oder einigen wenigen eleganteren Zubereitungen der *cucina alto-borghese*, wie zum Beispiel Rouladen, absieht. Dem gegenüber

steht ein enormer Fischreichtum. Besonders begehrt sind der Thunfisch und Schwertfisch.

Der beste Ort, den ich mir vorstellen kann, um die Delikatessen der sizilianischen Küche zu kosten, ist Regaleali, Landsitz und zugleich Weingut von Graf Giuseppe Tasca d'Almerita. Seit jeher werden die sizilianischen *masserie* mit gutem Essen und feinen Weinen in Verbindung gebracht. Regaleali wird dieser Vorstellung mehr als gerecht, denn Graf Giuseppe macht nicht nur exzel-

nien. Mario begann bei ihm als Lehrjunge, wurde später sein Assistent, und kurz vor seinem Tode erklärte Messina öffentlich, er sei »der einzige, dem ich meine Geheimnisse anvertraut habe«.

Mario, ein gutaussehender und sympathischer Mittfünfziger, besitzt sowohl von der Statur wie auch von seinem beruflichen Auftreten her alle Merkmale eines hervorragenden Kochs. Natürlich weiß er als Erbe einer alten Tradition über unzählige kulinarische Bravourstücke zu berichten. Er erinnert sich noch wie heute an die zwölftägigen Vorbereitungen zum Empfang anläßlich der Hochzeit von Graf Giuseppes Tochter Costanza mit Fürst Paolo di Camporeale. Unter anderem wurde dabei eine *pâté* hergestellt, die ein Vermögen kostete. Um zwei bis drei Kilogramm zu erhalten, mußten zweiundzwanzig Kilogramm Gänselebern verarbeitet werden. Auf Geheiß von Messina zerrieb Mario diese in stundenlanger Arbeit mit einem sehr schweren Stößel in einem großen Marmormörser zu einer samtigen Paste. Messina äußerte sich zufrieden zu den Bemühungen seines Lehrlings, fügte aber hin-

Die in der Wand eingelassene Madonna soll Glück und Segen bringen

Das Bauernhaus von Regaleali

in Regaleali ein ganz anderer: die feierliche Verleihung des französischen Verdienstordens *Personnalité de l'année* an Graf Giuseppe. Wie ich Mario kenne, wird das Fest *das* Bankett des Jahres werden.

Marchesa Anna Lanza di Mazzarino, die Tochter von Graf Giuseppe, hat vorgeschlagen, daß ich schon am Tag zuvor mit Mario, der in Palermo letzte Besorgungen macht, nach Regaleali komme. Die Fahrt dauert eine gute Stunde, und ich freue mich auf die Gelegenheit, Mario für ein Gespräch über

Menüs und Rezepte ganz für mich zu haben. Vielleicht verrät er mir dabei das eine oder andere Küchengeheimnis. Er besitzt eine ganze Menge davon, denn er ist der einzige und anerkannte Nachfolger von Giovanni Messina, einem der legendärsten Köche Siziliens, der im Alter von achtzig Jahren verstarb und vierzig Jahre lang der Familie Tasca verbunden war. Während dieser Zeit kochte er, ohne zu übertreiben, für Tausende illustrer Gäste, darunter die Könige Umberto I. von Italien und Alfonso XII. von Spa-

zu, daß die Pastete, nach dem sizilianischen Originalrezept aus dem 18. Jahrhundert mit Hühnerlebern bereitet, noch viel besser gelungen wäre.

Während ich Marios Erzählungen lausche und mit ihm über die Speisenfolge des morgigen Banketts spreche, wird mir bewußt, daß er jene sizilianische Kochtradition verkörpert, die zuweilen auch als »fürstliche Küche« bezeichnet wird. Sie entwickelte sich während der jahrhundertelangen Fremdherrschaft, fand dann im 18. Jahrhundert zu einem eigenen Ausdruck und lebt noch heute in den Häusern des sizilianischen Adels fort. So wie in dessen Adern griechisches, arabisches, französisches und spanisches Blut fließt, nahm auch die Küche diese fremden Einflüsse auf und brachte eine einmalige Kochkunst hervor.

Die nette Gesellschaft und anregenden Gespräche lassen die Zeit schnell vergehen. Schon passieren wir die Einfahrt von Regaleali und fahren über die breite Straße, die sich über mehrere Kilometer durch die sanfte Hügellandschaft zieht, zu den Case Grandi, einer malerischen Gruppe alter, einen großen Hof umstehender Häuser, in denen die Familie lebt. Der Name Regaleali leitet sich von dem arabischen Wort *Rahl Ali* ab, was soviel heißt wie »die Häuser Alis« und

In sanften Wellen ziehen sich die Felder um Regaleali dahin

darauf hindeutet, daß hier einst ein kleines arabisches Dorf lag. Von den Case Grandi genießt man einen endlosen Rundblick über die Umgebung. Wir befinden uns praktisch mitten im Herzen der Insel, und soweit das Auge reicht, erstrecken sich sattgelbe Kornfelder.

500 der insgesamt etwa 1200 Morgen Land werden für den Weinanbau genutzt. Auf diesem fruchtbaren Boden gedeihen die Reben für die erstklassigen Weine von Regaleali, die in die ganze Welt exportiert werden. Hinter den Case Grandi liegen die weitläufigen Kellereigebäude, die modernste Anlagen zur Weinherstellung ebenso beherbergen wie uralte Fässer aus Kastanienholz, in denen der Rebensaft reift. Das Gut, einst ein Lehen von den doppelten Ausmaßen, wurde 1830 von der Familie Tasca erworben. Mit der von ihr betriebenen Landerschließung hatte die Familie bedeutenden Anteil an der sizilianischen Agrarreform im 19. Jahrhundert. Heute gilt das Gut als agronomisches Paradestück der Insel.

Wir werden von Lucio Tasca empfangen, dem Sohn Graf Giuseppes, der das Gut gemeinsam mit seinem Vater verwaltet. Lucio ist in Begleitung seines Sohnes, Giuseppe jr., der an einer Universität im Norden des Landes Önologie studiert und eines Tages, so hofft man, in der siebten Generation die Leitung des traditionsreichen Familienunternehmens übernehmen wird.

Bei der Verleihungszeremonie am folgenden Tag ist die gesamte Familie von Graf Giuseppe und seiner Frau Franca vollzählig vertreten: vier Kinder, elf Enkel und zwei Urenkel.

Anschließend findet in den großen Empfangsräumen der Kellerei ein Galadiner mit etwa achtzig Gästen statt. Mario hat seinem Ruf alle Ehre gemacht und bekäme eindeutig meine Stimme, wenn es um die Wahl für das »Bankett des Jahres« ginge. Es gibt vier Gänge mit jeweils mehreren Auswahlmöglichkeiten. Allein an den Antipasti könnte ich mich satt essen. Doch ich besinne mich auf das Prinzip der *degustazione,* werde also immer nur ein Häppchen probieren, damit

mir auch nichts entgeht. Das erste Antipasto, das ich koste, besteht aus ausgebackenen Kürbisbällchen, die mit Knoblauch, Pfefferminze und einem Hauch Zimt gewürzt sind. Diese Zubereitung, die arabische Einflüsse verrät, wird eigentlich, wie Mario in unserem Gespräch erwähnt hatte, mit Zukker hergestellt und an Feiertagen als Dessert gereicht. Der Knoblauch dagegen macht sie zu einem pikanten Auftakt für ein festliches Diner. Als nächstes werden die Miesmuscheln serviert, die wir aus Palermo mitgebracht haben. Die berühmten *cozze nere* werden an der südlichsten Spitze Siziliens gezüchtet, wo man sie wie Austern roh mit einem Spritzer Zitronensaft genießt. Mario hat sie mit einer Mischung aus Parmesan, Spinat, Knoblauch, Zitronenschale und Ei überbacken. Den Abschluß des Antipasti-Reigens bilden Kroketten aus Fadennudeln mit einer Füllung aus *caciocavallo,* einer sizilianischen Käsespezialität. Heruntergespült werden diese Köstlichkeiten mit einem nicht minder deliziösen Weißwein namens Regaleali Nozze d'Oro, der sein Entstehen der goldenen Hochzeit von Graf Giuseppe und Gräfin Franca verdankt. Auf dem vornehmen, goldbedruckten Flaschenetikett sind die Profile der beiden Jubilare zu sehen. Giuseppe jr. erzählt mir, daß dieser Wein aus mehreren weißen Rebsorten gemischt ist, darunter einer neuen, auf Regaleali gezüch-

Sizilianischer Obstladen

teten Sauvignon-Spielart, die bald als »Sauvignon Tasca« eingetragen werden wird.

Während des Pasta-Gangs fühle ich mich beinahe in ein kalifornisches Restaurant versetzt — so phantasievoll sind die Saucen komponiert. Und dennoch handelt es sich um Jahrhunderte alte sizilianische Klassiker: Spaghetti mit Linsen, Makkaroni mit Blumenkohl und schwarzen Oliven und schließlich *anelletti,* kleine handgemachte Pastaringe, die mit Auberginen und Eischeiben im Ofen gebacken sind. Dazu trinken wir Regaleali Rosato, einen jungen aromatischen Rosé, der aus denselben Trauben wie der Rotwein gekeltert wird.

Die Hauptgerichte sind ebenso meisterlich zubereitet, wie sie präsentiert werden. Wir beginnen mit überbackenen Sardinen à l'orange, die so arrangiert sind, daß ihr silbriger Schimmer das leuchtende Orange der Garnitur reflektiert. Es folgt eine herrliche Pastete aus Fasan. In den glacierten Hühnchen-Medaillons, die in Körben aus geflochtenen getrockneten Makkaroni angerichtet und mit gefrorenen Nelken und Rosen dekoriert sind, lebt die französische Vergangenheit wieder auf. Für diese Meisterwerke der Kochkunst hat Lucio einen alten Jahrgang des Rosso del Conte ausgewählt, eine elegante *riserva speciale,* die von Weinexperten als Siziliens erlesenstes Produkt angesehen wird.

Ich versuche, daran zu denken, daß das Dessert noch aussteht. Doch bei den in Marsala geschmorten Pilzen werde ich beinahe schwach. Mario wies mich darauf hin, daß diese einfache, aber höchst schmackhafte Zubereitung unbedingt das Beste vom Besten verlangte, zum Beispiel den hochwertigen, etwas sherryartigen Marsala Vergine. »Zum Kochen?« werden Sie jetzt vielleicht fragen. Nun, wir sind in Regaleali, und in der Küche trifft Mario die Entscheidungen. Zuletzt folgen noch zwei typische sizilianische Salate, der eine aus Fenchel, der andere aus Zitronenscheiben, einfach mit Salz, Pfeffer und Olivenöl angemacht — beide wie geschaffen, um den Gaumen zu erfrischen und auf das kommende Ereignis vorzubereiten.

Küchenchef Mario hat allen Grund, zufrieden zu sein

Und das ist himmlisch: Zunächst gibt es Halbgefrorenes in Pistazienhülle, als zweites dann ein aromatisches Mandarinengelee im Orangenbecher und zur Krönung des Ganzen *cannoli*, eine Art Schillerlocken mit einer Füllung aus Ricotta, kandierten Früchten und Schokolade.

Nach dem Dessert kündigt Graf Giuseppe einen neuen Wein an, den er 1994 anläßlich der diamantenen Hochzeit vorstellen wird.

Früh am nächsten Morgen gehen Anna und ich hinüber zu den Schäfern. Sie möchte frisch gemachten Ricotta für das Frühstück holen, und ich würde gerne etwas *pepato*, sizilianischen Pecorino mit schwarzen Pfefferkörnern, mit nach Hause nehmen. Unterwegs erzählt sie mir, daß sie mit ihren beiden Schwestern, Constanza und Rosemarie, plant, in Regaleali Kochkurse in englischer Sprache abzuhalten. Dabei wird Mario

die Rezepte und Menüs des Tages erläutern, die Schwestern werden die Anleitung zur praktischen Zubereitung geben, und alle gemeinsam genießen dann die Resultate zum Mittagessen. Diese wunderbare Neuigkeit, die ich am Ende unserer Reise und gerade auf dieser Insel mit ihrer alten überlieferten Kochtradition erfahre, scheint mir wie ein gutes Omen für die fortdauernde Renaissance der italienischen Küche.

MENÜ FÜR EIN FÜRSTLICHES BANKETT

VORSPEISEN

FRITTELLE DI ZUCCA
Ausgebackene Kürbisbällchen

COZZE RIPIENE
Gratinierte Miesmuscheln

CROCCHETTE DI CAPELLI D'ANGELO
Kroketten aus Fadennudeln

ERSTER GANG

MACCHERONI COL CAVOLFIORE
Makkaroni mit Blumenkohl

SPAGHETTI CON SALSA DI LENTICCHIE
Spaghetti mit Linsenpüree

ANELLETTI ALLA SICILIANA
Sizilianischer Pasta-Auflauf

ZWEITER GANG

SARDE ALLA REGALEALI
Sardinen à l'orange

PASTICCIO DI FAGIANO
Fasanenpastete

MEDAGLIONI DI POLLO
Glacierte Hühnchen-Medaillons

GEMÜSE

FUNGHI AL MARSALA
Pilze in Marsala

INSALATA DI FINOCCHI
Fenchelsalat

INSALATA DI LIMONI
Zitronensalat

DESSERTS

CASSATA DI PISTACCHIO
Halbgefrorenes in Pistazienhülle

GELATINA DI MANDARINO
Erfrischendes Mandarinengelee

CANNOLI ALLA CANNELLA
Sizilianische Schillerlocken

Eigentlich wurde dieses Menü für ein Bankett zusammengestellt. Da die Speisen jedoch so vorzüglich sind, daß man sie nicht nur bei einer so seltenen Gelegenheit zubereiten sollte, habe ich auch in diesem Fall die Rezepte für sechs Personen berechnet. Aus den verschiedenen Auswahlmöglichkeiten lassen sich immer wieder andere Menüs zusammenstellen. Sie könnten auch beispielsweise die Sardinen à l'orange mit dem Fenchelsalat zu einer leichten Mahlzeit kombinieren. Die Pilze in Marsala ergeben, ergänzt durch ein Antipasto und/oder ein Dessert, sogar ein sättigendes Hauptgericht.

Pasta sollte niemals gleichzeitig mit einem anderen Gang serviert werden. In Italien trägt man selbst bei einem Büfett die Pasta nach der Vorspeise auf und wechselt anschließend die Teller aus.

Weinempfehlung: Zu den drei ersten Gängen würde natürlich nichts besser passen, als der Regaleali bianco, chiaretto (rosé) und rosso. Zur Nachspeise empfehle ich den ambrosischen Malvasia delle Lipari, einen vollen, intensiven und gefällig süßen Weißwein von den Liparischen Inseln.

FRITELLE DI ZUCCA
Ausgebackene Kürbisbällchen

1 kg Kürbis, ganz oder in Stücken
3 Eier
1 EL gehackte Pfefferminze
2 Knoblauchzehen
1 Prise Zimtpulver
100 g Mehl
Öl zum Ausbacken
Salz und Pfeffer

Den Kürbis 30 Minuten bei 180°C garen. Kerne und Fasern entfernen und das Fruchtfleisch mit der Gabel herauskratzen.

Mit 1 Ei, der Pfefferminze, dem Knoblauch, Zimt, Salz und Pfeffer zu einer Paste verarbeiten. Walnußgroße Bällchen formen. Die restlichen 2 Eier verquirlen. Die Bällchen im Mehl wälzen und ins Ei tauchen. In sehr heißem Öl goldgelb ausbacken. Auf Küchenkrepp abtropfen, auf einem Teller anrichten und servieren.

COZZE RIPIENE
Gratinierte Miesmuscheln

2 kg frische Miesmuscheln
50 g geriebener Parmesan
100 g Spinat, gekocht und gehackt
4 Knoblauchzehen, gehackt
abgeriebene Schale von 1 Zitrone
1 Ei
50 g feine getrocknete Semmelbrösel
4 EL Olivenöl »extra vergine«
Salz und Pfeffer

Bereits geöffnete Muscheln aussortieren. Die übrigen gründlich waschen. In einem großen Topf auf mittlerer Flamme kochen, bis sie sich öffnen. Auslösen und die Schalen beiseite legen.

Die übrigen Zutaten mit Ausnahme von Semmelbröseln und Öl vermengen, salzen und pfeffern. Die Muscheln jeweils in eine Schalenhälfte legen und großzügig mit der Mischung überziehen. Mit Semmelbröseln bestreuen, mit Öl beträufeln. 10 Minuten bei 200°C gratinieren und heiß servieren.

CROCCHETTE DI CAPELLI D'ANGELO
Kroketten aus Fadennudeln

100 g Caciocavallo (oder Emmentaler) am Stück
300 g Fadennudeln
4 Eier
100 g geriebener Parmesan
125 g feine getrocknete Semmelbrösel
Öl zum Ausbacken
Salz und Pfeffer

Den Käse fein würfeln. Die Pasta 4 Minuten in reichlich sprudelndem Salzwasser kochen und abgießen. Mit 2 Eiern, dem Parmesan, Salz und Pfeffer vermengen.

Aus der Masse walnußgroße Bällchen formen und jeweils 1 Käsewürfel hineingeben. Die übrigen Eier verquirlen. Die Bällchen ins Ei tauchen und in den Semmelbröseln wälzen. In sehr heißem Öl goldgelb ausbacken. Auf Küchenkrepp abtropfen, auf einen Teller legen und servieren.

MACCHERONI COL CAVOLFIORE
Makkaroni mit Blumenkohl

1 mittelgroßer Blumenkohl
450 g Makkaroni
100 g feine getrocknete Semmelbrösel
10 cl Olivenöl »extra vergine«
6 Sardellenfilets in Öl
4 Knoblauchzehen, gehackt
100 g entsteinte Oliven
Salz und Pfeffer

Die Blumenkohlröschen vom Mittelstrunk abbrechen und diesen etwa 10 Minuten in viel sprudelndem Salzwasser kochen. Herausnehmen und wegwerfen. Makkaroni und Röschen in das kochende Wasser geben und *al dente* garen.

Die Semmelbrösel in 4 EL Öl unter Rühren anrösten. In einer zweiten Pfanne Sardellen und Knoblauch im restlichen Öl anbraten. Oliven zufügen. Pasta und Gemüse abgießen. Mit der Sardellensauce vermengen und abschmecken. Mit den Semmelbröseln bestreuen und servieren.

Fasanenpastete

SPAGHETTI CON SALSA DI LENTICCHIE
Spaghetti mit Linsenpüree

200 g braune Linsen
100 g ungeräucherter Bauchspeck, gewürfelt
1 Zwiebel, fein gewürfelt
5 cl Olivenöl »extra vergine«
½ Glas Weißwein
1 Prise gemahlener Safran
1 Lorbeerblatt
600 g Spaghetti
Salz und Pfeffer

Die Linsen mindestens 12 Stunden in kaltem Wasser einweichen.

Speck und Zwiebel bei milder Hitze im Öl glasig schwitzen. Die Linsen mit 1 Glas Wasser, dem Wein, Safran und Lorbeerblatt dazugeben. Zugedeckt 30 Minuten langsam schmoren. Passieren bzw. im Mixer pürieren und wieder erhitzen.

Die Spaghetti in kochendem Salzwasser *al dente* garen. Mit der Sauce übergießen und servieren.

ANELLETTI ALLA SICILIANA
Sizilianischer Pasta-Auflauf

450 g Anelletti (kleine ringförmige Pasta)
3 EL Olivenöl »extra vergine«
20 cl Tomatensauce
3 Auberginen
Öl zum Ausbacken
2 EL/25 g Butter
3 hartgekochte Eier, fein aufgeschnitten
100 g Provolone (oder Emmentaler), in kleine Würfel geschnitten
1 Bund Basilikum
100 g Ricotta, gewürfelt oder zerbröselt
Salz und Pfeffer

Die Pasta in kochendem Salzwasser soeben *al dente* (nicht zu weich!) garen. Abgießen, mit Olivenöl und Tomatensauce vermischen.

Die Auberginen in dünne Scheiben schneiden und in sehr heißem Öl schwimmend backen. Auf Küchenkrepp abtropfen. Eine gebutterte Springform mit abwechselnden Auberginen- und Eischeiben auslegen.

Die Pasta mit den restlichen Auberginen, den Basilikumblättern und den beiden Käsesorten vermischen. In die Form füllen. Bei 200°C etwa 20 Minuten backen. Aus der Form nehmen und servieren.

SARDE ALLA REGALEALI
Sardinen à l'orange

1 kg frische Sardinen
1 l Öl zum Fritieren
3 Handvoll frische Semmelbrösel
3 Orangen
100 g Rosinen, in Wasser eingeweicht
225 g Pinienkerne
6 EL Olivenöl »extra vergine«
Salz und Pfeffer

Die Sardinen säubern, von Köpfen befreien und in zwei Filets teilen. In eine gefettete ofenfeste Form legen. Die Semmelbrösel in sehr heißem Öl fritieren. Auf Küchenkrepp abtropfen und mit der abgeriebenen Schale von 1 Orange, den Rosinen und Pinienkernen vermengen.

1 Orange auspressen. Die Sardinen mit 3 EL Saft beträufeln. Mit dem Olivenöl übergießen, mit den Semmelbröseln bestreuen, salzen und pfeffern. 20 Minuten bei 180°C backen. Mit den restlichen in Scheiben geschnittenen Orangen garnieren und auftragen.

PASTICCIO DI FAGIANO
Fasanenpastete

1 Fasan, küchenfertig vorbereitet
100 g fetter frischer Speck in dünnen Scheiben
7 EL/100 g Butter
1 Lorbeerblatt
1 EL Wacholderbeeren
5 cl Marsala
50 g frische weiche Semmelbrösel
100 g Schinken, gehackt
2 Eigelb
100 g Pistazien
1 kleine schwarze Trüffel, gewürfelt
Salz und Pfeffer
Schlagsahne (nach Belieben)

Den Fasan säubern, mit Speck umhüllen und umbinden. Mit 2 EL/25 g Butter, Lor-

beerblatt und Wacholderbeeren in einen Schmortopf geben. Salzen und pfeffern. Im vorgeheizten Ofen bei 180°C etwa 1½ Stunden braten. Aus dem Topf nehmen. Den Bratensatz mit dem Marsala ablöschen und auf mittlerer Flamme kochen. Lorbeer entfernen, Semmelbrösel einrühren.

Den Fasan auslösen. Die Hälfte des Fleisches mit dem Schinken und dem Bratensatz pürieren. Das restliche Fleisch grob hacken. Mit den Eigelben, den Pistazien, der Trüffel und der restlichen Butter unter das Püree ziehen. Die Masse in eine Form füllen und mehrere Stunden kalt stellen.

Die Form in warmes Wasser tauchen. Die Pastete auf eine Platte stürzen. Nach Belieben mit Schlagsahne dekorieren.

MEDAGLIONI DI POLLO
Glacierte Hühnchen-Medaillons

1 Huhn, küchenfertig vorbereitet
2 Kalbsmarkknochen
1 Mohrrübe
1 Bund Petersilie
1 Zwiebel
1 Stange Bleichsellerie
1 Lorbeerblatt
1 Schweinsfuß

1 Eiweiß
150 g Foie gras
1 schwarze Trüffel
Salz und Pfeffer

Das Huhn, den Knochen, das Gemüse, den Lorbeer und Schweinsfuß in einen weiten Topf geben. Salz und so viel Wasser zufügen (ca. 1,1 l), daß alles bedeckt ist. Aufsprudeln lassen und 1½ Stunden auf kleiner Flamme köcheln.

Das Huhn abtropfen lassen. Auslösen und das Fleisch in Scheiben schneiden. Die Brühe durchseihen und erkalten lassen. Das Fett abschöpfen. Das Eiweiß in die Brühe schlagen. Diese aufkochen und durchseihen. 6 Förmchen mit etwas Brühe ausgießen und bis zum Erstarren kalt stellen.

Über die Geleeschicht eine ½ cm dicke Lage dunkles Fleisch geben. Diese mit etwas Foie gras bestreichen. Nun 1 Stück weißes Fleisch darauflegen, so daß sich ein flacher Abschluß ergibt. Die Medaillons mit 1 Trüffelscheibe krönen und mit Brühe übergießen. Einige Stunden zum Erstarren kalt stellen. Die Medaillons auf einer Platte arrangieren und servieren.

Glacierte Hühnchen-Medaillons

FUNGHI AL MARSALA
Pilze in Marsala

1 kg Steinpilze oder Champignons
1 EL Olivenöl »extra vergine«
2 EL/25 g Butter
Salz und Pfeffer
15 cl hochwertiger Marsala

Die Pilze sorgfältig mit einem Tuch abreiben (nicht waschen) und in Scheiben schneiden. Bei mittlerer Hitze einige Minuten in Öl und Butter unter Rühren dünsten. Salzen, pfeffern und mit Marsala übergießen. Diesen kochend verdampfen lassen. Die Pilze auf einer Platte anrichten und servieren.

INSALATA DI FINOCCHI
Fenchelsalat

5 Fenchelknollen
Salz und Pfeffer
1 EL Zitronensaft
4 EL Olivenöl »extra vergine«

Den Fenchel waschen und von welken oder harten äußeren Blättern befreien. Längs vierteln und in feine Scheiben schneiden. Mit Salz, Pfeffer, Zitronensaft und Öl anmachen und servieren.

INSALATA DI LIMONI
Zitronensalat

6 unbehandelte Zitronen
Salz und Pfeffer
4 EL Olivenöl »extra vergine«
1 EL gehackte Petersilie

Die Zitronen ungeschält in dünne Scheiben schneiden, Kerne entfernen. Die Scheiben auf einem Teller salzen und pfeffern. Mit Öl beträufeln und mit Petersilie bestreuen.

Halbgefrorenes in Pistazienhülle
Sardinen à l'orange

Erfrischendes Mandarinengelee

und in einer Schüssel mehrere Stunden im Kühlschrank erstarren lassen.

Von den Orangen einen Deckel abschneiden. Die Früchte vorsichtig aushöhlen. Das Gelee mit einer Gabel zerpflücken, einen Teil in die Orange füllen und den anderen um diese herum verteilen.

CANNOLI ALLA CANNELLA
Sizilianische Schillerlocken

Für den Teig:
300 g Mehl
225 g Zucker
1 EL Kakaopulver
1 TL Zimtpulver
4 EL/50 g Butter
5 cl Marsala
1 Ei, verquirlt
12 Blechhülsen für Schillerlocken
1,7 l Öl zum Ausbacken
Für die Füllung:
500 g Ricotta
50 g kandierte Orangenschale, gewürfelt
50 g kandierte Zitronenschale, gewürfelt
50 g kandierte Kirschen
50 g Puderzucker
50 g Bitterschokolade, geraspelt

CASSATA DI PISTACCHIO
Halbgefrorenes in Pistazienhülle

450 g Ricotta
300 g Puderzucker
1 kg Wassermelone, von Samen befreit
100 g Pistazien
300 g Mandelpaste
200 g kandierte Früchte

³/₄ des Ricotta mit dem Zucker mischen. Das Fruchtfleisch herauslöffeln, passieren und mit dem Ricotta vermischen. In die Eismaschine füllen und gefrieren.

Die Pistazien staubfein zermahlen und unter die Mandelpaste ziehen. Eine Form mit der Masse ausstreichen und 2 Stunden kalt stellen. Die Ricotta-Mischung einfüllen und mit dem Messerrücken glattstreichen.

Das Dessert sofort stürzen. Mit dem restlichen Ricotta und den kandierten Früchten dekorieren und unverzüglich servieren.

GELATINA DI MANDARINO
Erfrischendes Mandarinengelee

225 g Zucker
3 EL Gelatinepulver
¹/₂ l frisch gepreßten Mandarinensaft
3 EL Rum
6 Orangen

Den Zucker mit 1 Glas Wasser 2 Minuten kochen. Die Gelatine in etwas warmem Wasser auflösen. Mandarinensaft, Rum, Sirup und Gelatine verrühren. Durchseihen

Aus Mehl, 50 g Zucker, Kakaopulver, 1 Prise Zimt, Butter und Marsala einen glatten Mürbeteig herstellen (siehe S. 188). Dünn ausrollen und 10—12 cm große Kreise ausschneiden. Die Teigstücke um die Blechhülsen wickeln und an den überlappenden Rändern mit verquirltem Ei bestreichen. In sehr heißem Öl schwimmend ausbacken und auf Küchenkrepp abtropfen lassen. Wenn sie erkaltet sind, von den Hülsen streifen.

Den Ricotta mit dem restlichen Zimt und Zucker durch ein Sieb streichen. Orangen- und Zitronenschalen unterziehen. Die Masse in einen Dressiersack füllen und in die Teigröhrchen spritzen. Die Enden jeweils mit einer Kirsche verschließen. Das Gebäck mit Puderzucker und Schokolade bestreuen und servieren.

Sizilianische Schillerlocken

GRUNDZUBEREITUNGEN UND GARMETHODEN

HAUSGEMACHTE PASTA

In Italien wird frische Pasta einfach aus Mehl und Eiern ohne Zugabe von Wasser oder Öl hergestellt. Hartweizengrieß ist nur in der handelsüblichen Pasta enthalten.

Da sich Mehl, bedingt durch unterschiedliche Qualitäten, aber auch durch das Klima, in dem es verarbeitet wird, immer wieder anders verhält, kann ich keine exakten Mengen angeben. Die nachfolgenden Angaben beziehen sich auf das toskanische Mehl, das ich in Chianti verwende. Sie müssen also das Mengenverhältnis selbst herausfinden, wobei man generell auf 100 g Mehl 1 großes Ei gibt.

Die Pastaherstellung ist nicht so kompliziert, wie sie sich vielleicht anhört. Sie erfordert nur ein gewisses Geschick, und das stellt sich mit der Zeit von selbst ein. So wird es gemacht:

Das Mehl auf die Arbeitsfläche häufen. In die Mitte eine Mulde drücken. Die Eier hineinschlagen und mit einer Gabel langsam in das umgebende Mehl einarbeiten, bis sie aufgesogen sind.

Die Mischung mit den Fingerspitzen durcharbeiten, bis sie teigig wird. Nun den Teig etwa 10 Minuten mit den Handballen bearbeiten, bis er sich zu einer glatten, elastischen und nicht zu harten Kugel formt.

Die Arbeitsfläche leicht mit Mehl einstäuben. Die Teigkugel, von der Mitte ausgehend, mit dem Nudelholz gleichmäßig ausrollen, bis das Teigstück kreisrund und ziemlich dünn ist. Damit der Teig nicht anklebt, die Arbeitsfläche immer wieder einmehlen. Dafür den Teig um das Nudelholz wickeln und behutsam anheben.

Das Teigstück, sobald die gewünschte Dicke erreicht ist, je nach Rezept in Streifen (für Tagliatelle), Ravioli oder beliebige andere Formen schneiden.

MÜRBETEIG
(Pasta frolla)

Dieser Teig wird für süße Torten und Kleingebäck, aber auch für herzhafte Pasteten und Krustaden verwendet. Er wird aus Mehl, Butter, Eigelb und Zucker bzw. für pikante Zubereitungen, etwas Salz, geknetet. Wasser gibt man niemals hinzu, da dieses dem Teig seine charakteristische mürbe Beschaffenheit nehmen würde.

Für die Zutaten gilt allgemein folgendes Verhältnis: 200 g Mehl werden mit 100 g Zucker, derselben Menge Butter und 1 Eigelb verarbeitet. Wie bei der Pasta muß auch bei Mürbeteig, bedingt durch bestimmte Faktoren, wie Mehlqualität, Luftfeuchtigkeit oder besondere Erfordernisse des jeweiligen Rezeptes, unter Umständen das Mengenverhältnis abgeändert werden. Der Teig ist einfach herzustellen:

Die weiche, jedoch nicht geschmolzene Butter zerschneiden. Das Mehl auf eine Arbeitsfläche häufen. In die Mitte eine Mulde drücken und die übrigen Zutaten hineingeben. Alles mit den Fingerspitzen vermischen, bis sich eine krümelige Masse ergibt. Diese schnell zu einem festen Teig verkneten. In Plastikfolie wickeln und 1 Stunde in den Kühlschrank legen. Herausnehmen und zimmerwarm werden lassen.

Den Teig zwischen 2 große Stücke Plastikfolie legen. Zunächst mit dem Handballen flach drücken, dann mit dem Nudelholz auf die gewünschte Dicke ausrollen. Die obere Folie abziehen. Die vorgesehene Form umgedreht auf den Teig setzen. Diesen schnell mit Hilfe eines großen Spatels wenden. Den überstehenden Teig entfernen. Den Teig in der Form leicht und gleichmäßig andrücken. An der Kante mit einem Messer glattschneiden und nach Rezept backen.

BLÄTTERTEIG
(Pasta sfoglia)

Wie der Name andeutet, besteht dieser Teig aus einzelnen, hauchdünnen Blättern. Es ist ein leichter Teig, der aber aufgrund seiner Zutaten — Mehl und Butter im gleichen Verhältnis — zugleich sehr üppig ist. Man gibt bei Blätterteig Wasser, aber keinen Zucker hinzu. Auch in diesem Fall läßt sich die benötigte Wassermenge nicht genau angeben. Im Laufe der Zeit werden Sie bestimmt ein Gefühl dafür entwickeln. Ungefähr kann man sagen, daß für je 225 g Mehl und Butter etwa die Hälfte an Wasser erforderlich ist. Für diesen Teig brauchen Sie viel Zeit. Die einzige Schwierigkeit liegt darin, daß der Butterblock dieselbe Konsistenz besitzen muß wie der Teig. Ist er dagegen zu hart, wird er den Teig beim Ausrollen zerreißen.

Für den Teig: Ein Fünftel des Mehls für den Butterblock beiseite stellen. Den Rest auf die Arbeitsfläche häufen. In der Mitte eine Mulde formen, 1 Prise Salz und 10 cl Wasser hineingeben. Das Ganze mit den Fingerspitzen durcharbeiten, bis Brösel entstehen. Diese kneten und dabei nach Bedarf immer wieder etwas Wasser hinzufügen, so daß sich schließlich ein glatter, elastischer Teig ergibt. Eine Kugel formen, in Plastikfolie einschlagen und 30 Minuten in den Kühlschrank legen.

Für den Butterblock: Die Butter mit dem restlichen Mehl verkneten, bis sie dieselbe Festigkeit wie der Teig aufweist.

Herstellung: Auf die Arbeitsfläche ein Stück Plastikfolie breiten. Den Teig darauflegen und mit dem Nudelholz zu einem Viereck von 1 cm Dicke ausrollen. Den Butterblock in die Mitte geben und die Ecken des Teigs darüber zusammenschlagen, so daß die Butter völlig bedeckt ist, der

Teig sich aber nicht überlappt. Die Kanten behutsam zusammendrücken. Das Ganze in Folie wickeln und 20 Minuten in den Kühlschrank legen. Den Teig wieder auf ein Stück Folie auf die Arbeitsfläche geben. Zu einem Rechteck von 0,5 cm Stärke ausrollen. Das rechte und linke Drittel über die Mitte schlagen und den Teig leicht mit dem Nudelholz abflachen. Erneut in Folie wickeln und 20 Minuten kühlen. Dies war der erste *giro* (Tour), den Sie nun noch fünfmal wiederholen müssen. Nachdem Sie den Teig im sechsten *giro* zusammengelegt haben, rollen Sie ihn in der gewünschten Form aus und backen ihn nach Anleitung.

FLEISCH- UND HÜHNERBRÜHE

In Italien kocht man eine Fleischbrühe ganz anders als in Frankreich. Man verwendet relativ mageres Fleisch ohne Knochen und dazu etwas Gemüse und gewinnt daraus eine geschmackvolle, leichte und bekömmliche Brühe. Für Gelee werden allerdings einige Knochen und ein Schweinsfuß hinzugegeben.

Hier ein gutes Rezept für Fleischbrühe: Man benötigt 450 g Rindfleisch, 450 g Kalbfleisch, 1 Stange Bleichsellerie, 1 geschälte Mohrrübe, 1 kleine Zwiebel, 1 Lorbeerblatt sowie 1 Bund Petersilie. Das Ganze mit 3 l Wasser aufkochen. Den Herd herunterschalten und etwa 3 Stunden weiter leise köcheln, so daß schließlich etwa 1 l Brühe verbleibt. Während des Kochens nicht abschäumen, denn dadurch verliert die Brühe an Nährwert. Erst nach Beendigung des Kochvorgangs salzen. Die Brühe durch ein feines Sieb gießen, völlig abkühlen lassen und kalt stellen. Das Fett von der Oberfläche abschöpfen. Zum Klären die Brühe unter Zugabe von etwas gehacktem hellem Fleisch oder einem Eiweiß erneut einige Minuten kochen. Nochmals durchseihen.

Hühnerbrühe wird auf dieselbe Weise unter Verwendung eines ganzen gesäuberten Huhns hergestellt. Exzellent ist auch eine Brühe aus Rind- und Kalbfleisch sowie Huhn. Brühe immer im Kühlschrank aufbewahren bzw., wenn sie nicht innerhalb von 12 Stunden verbraucht wird, einfrieren.

FLEISCH KOCHEN

Zum Kochen am besten geeignet sind Huhn, Kapaun sowie Kalb- und Rindfleisch mit etwas Fett, wie Querrippe, Dünnung oder Schwanzstück. Soviel Wasser in einen Topf füllen, daß das Fleisch davon bedeckt wird. Aufkochen, salzen und das Fleisch hineinlegen. Nach dem erneuten Aufsprudeln zugedeckt leise köcheln lassen. Bei einer Fleischmenge für 6 Personen benötigt Rind 3, Kalb 2, Kapaun 1½ und Huhn 1 Stunde. Je größer das Stück, desto länger muß es gekocht werden, damit es all seine Geschmacksstoffe abgibt. In jedem Fall beachten Sie die im Rezept angegebene Garzeit.

Das Fleisch herausnehmen und die Brühe durch ein feines Sieb gießen. Brühe im Kühlschrank aufbewahren oder einfrieren, wenn sie nicht innerhalb von 12 Stunden verbraucht wird.

FLEISCH BRATEN

Die Italiener braten weißes Fleisch, wie Huhn, Ente, Taube, Fasan, Kalb und Lamm bei niedriger Temperatur sehr langsam im Ofen oder auf dem Herd. Dadurch kann das ganze Fett schmelzen und am Ende einfach abgegossen werden. Das Fleisch wird schön zart, löst sich gut vom Knochen und trocknet überhaupt nicht aus.

Diese Garmethode verlangt einen schweren Aluminiumtopf, in dem sich der Bratensaft gut sammeln kann, was bei Kochgeschirr aus Emaille und Edelstahl nicht gewährleistet ist. Stets ohne Deckel braten und erst gegen Ende des Garvorgangs etwas Brühe oder Wein angießen. Das Fleisch schließlich herausnehmen. Das Fett abgießen und den Bratensatz mit einem Holzlöffel vom Topfboden lösen. Mit etwas Flüssigkeit ablöschen und den Fond einige Minuten einkochen. Durchseihen, erneut erhitzen und über den Braten gießen.

FLEISCH SCHMOREN

Zum Schmoren verwendet man saftige Stücke mit einem gewissen Fettanteil, wie zum Beispiel Bug, Hüfte, Kugel oder Hinterhesse. Das Fleisch in einem schweren Aluminiumtopf (auf keinen Fall in Kochgeschirr aus Emaille oder Edelstahl) mit Butter, Öl bzw. dem im Rezept verlangten Fett scharf anbraten. Sobald es ringsum gebräunt ist, das gehackte Gemüse mit 1 Glas Brühe oder Wein hinzufügen. Den Deckel auflegen und das Fleisch leise köchelnd gar schmoren. Nach Bedarf immer wieder etwas Flüssigkeit ergänzen, damit es nicht austrocknet. Stets erst dann Flüssigkeit angießen, wenn keine mehr im Topf ist. Das Schmoren erfolgt auf dem Herd oder auch im Ofen, wobei das Fleisch weniger Flüssigkeit aufnimmt.

Wenn das Fleisch gar ist, das Gemüse pürieren und wieder in den Topf geben. Eine zu flüssige Sauce einige Minuten einkochen. Eine zu dicke Sauce etwas verdünnen und erneut erhitzen; dabei häufig rühren, damit nichts ansetzt. Der Schmorfond ergibt eine ausgezeichnete, dunkelbraune Sauce mit vollem Geschmack.

AUSBACKEN

Hierfür ist hochwertiges Olivenöl »extra vergine« am besten geeignet, denn es kann stärker als jedes andere Öl erhitzt werden, ohne toxische Substanzen abzuscheiden. Und natürlich macht sich die Qualität auch im Geschmack bemerkbar.

Das Öl sollte auf 190°C erhitzt werden. Zum Messen genügt ein Stückchen Brot, das Sie ins Öl werfen. Bilden sich an den Kanten Bläschen, so ist die erforderliche Temperatur kurz unterhalb des Rauchpunktes erreicht. Verwenden Sie soviel Öl, daß das Kochgut darin schwimmt. Einmal verwendetes Öl muß weggegossen werden.

DANKSAGUNG

Folgenden Personen möchte ich für ihre freundliche Mitarbeit danken, wobei mein besonderer Dank John Meis für seine Mithilfe an dem gesamten Projekt gilt.

LELE GANI UND NICOLETTA DI SAMBUY · *Castello von Monale*

GIOVANNA CAMELI · *Genua*

LIDIA ORSI · *Ca'Mera*

CARLOTTA MARCELLO · *Levada*

GRAZIA GAZZONI · *Bologna*

NANNI GUISO · *Sardinien*

PIERO UND GIULIANA DORAZIO · *Todi*

BEVERLEY UND BILL PEPPER · *Todi*

STEFANINA ALDOBRANDINI · *Rom*

FRANCO SANTASILIA · *Neapel*

MARCHESA LEOPOLDINA CARACCIOLO · *Neapel*

GLORIA REALE · *Lecce*

GIUSEPPE UND FRANCA TASCA D'ALMERITA · *Palermo*

Dank gebührt auch den wundervollen Köchinnen, insbesondere meiner unersetzlichen Romola in der Badia und Anna Forcellini, die mich in der herrlichen Kunst des Kochens unterwies, sowie des weiteren:

MARIA · *Genua*

BERNARDINA · *Sardinien*

ANNETTA · *Umbrien*

GERARDO MODUGNO · *Neapel*

MARIO LO MENZO · *Palermo*